和顔愛語《わげんあいご》のすすめ

中村公昭

春秋社

和顔愛語のすすめ

目次

春の章

目覚める……5
茶色の弁当……11
心のスイッチを入れる……17
護られるべくして護られる……25
回向とは……31
条件反射……39
自業自得について……45

夏の章

発心・決心・相続心……55
樹を植える……63

よいことばを語る……69
「施餓鬼法」とは……77
徳分を積む……83
光を感じて生きる……89
大きな夢を持とう……95

秋の章

密教の心得……103
啐啄同時……109
和顔愛語する……115
月輪観……123
常識と「認知的不協和」……129
すべてが宝になる……137
今が一番よい……143

冬の章

経風を浴する……151
終わりよければすべてよし……159
眼横鼻直……165
心機一転……171
気立てよし……177
清浄心……183
星まつり……191
あとがき 197

和顔愛語のすすめ

春の章

目覚める

朝起きてお堂に上がるまでの間にも、春の香りがそこはかとなく感じられるようになりました。具体的にどのような匂いか、と問われたらお答えのしようがありませんが、なんとなく感じる春の気配です。

瀬戸内海では、いかなご漁が解禁になったそうです。地面の下でも春に向けて、確実に明かりが灯り始めたように思われます。その地面の準備に活力を与える「野焼き」が、各地で行なわれています。この野焼きも、自然との調和ということを重んじた先徳の知恵の一つなのだと思います。私も来週は地元の野焼きに出動します。

このあたりでは春の準備が進んでいますが、青森や秋田、福島などでは観測史上最高の積雪というニュースを毎日のように見聞きします。あの地方の方たちは慣れているとはいえ、さぞ大変なことであろうと思います。同じ国に住みながら、そのご苦労は分かりかねますが、「冬来りなば、春遠からじ」といいます。どうぞ事故なく春を迎えられますようにお祈りいたしております。

先般、登山家の三浦雄一郎さんが、満八十歳でエベレスト登頂に成功なさいました。三浦さんは、頂上を極めることを目標にせず、皆さんに感謝の気持ちを伝えることを目標にされたそうです。その結果、登頂に成功し、無事に帰国されました。そして、「今後の自分の生き方を見てほしい」と話しておられました。

ご恩返しの余生を送りたい、とのことでした。ともすれば登ることだけに夢中になり、全体を見渡せなくなりがちな風潮の中で、やはり世界の第一人者ともなると、高みを見ておられるのでしょう。後で申し上げますが、まさに「普供養三力《ふくようさんりき》」の世界だと思います。

アメリカ、オクラホマ州では大きな竜巻が起こって、被災者が三千三百人にも上っているとのことです。仏教では、「同体同悲」を説きます。悲しみを同感していくことです。先ほど申しました東北地方の豪雪しかりです。テレビやラジオ、新聞、その他の媒体からの情報によって、この耳で聞き、この目で見て、心で感じたことは、やはり「知るべくして知らされた」ということでしょう。

なかなかわが身のこととして同じ扱いは難しいことですが、聞いてしまった、見てしまった、そして感じてしまった以上は、他人事《ひとごと》とはせず、わずかな時間でも、その場に心を寄せて静かに祈ることが、仏の教えに寄り添った生き方だと思うのです。

ご承知のように、仏教とは「ブッダの教え」、つまり正しいことに目覚める、ということです。仏のお教えをきちんと受けとめていくための一点を押さえるとするならば、「ブッダ」は即ち「目覚める」ということになります。真理に目覚めた人がブッダで、そのブッダの教えが仏教です。即ち、私たちが真理に気づき目覚めていくための教えが、仏教であるということです。

自国のことはもちろん、遠くの地で起きた紛争や、震災、竜巻、その他の災害などを、祈るべきものとして捉えるか、これを世界の常識として感じるか、というところが大きな分かれ目になろうかと思います。

臨済宗のお坊さんで、百一歳のご長命であった南無の会の初代代表、松原泰道師は、「釈尊の教えは厳粛、敬虔、邂逅の三つに要約することができる」と説いておられます。厳粛とは、いわゆる無常観で、「今しかない」、「時間は戻ってこない」、「今を大切に生きる」、ということなのだそうです。敬虔は、「自分ひとりで生きているのではない」ということで、邂逅は、「出会いや巡りあわせ」、この巡りあわせによって人生は動いているとのことです。

この三つに集約したことを言葉に表すと、「ありがとう」（厳粛《げんしゅく》）、「すみません」（敬虔《けいけん》）、「はい」（邂逅《かいこう》）の挨拶に置き換えることができる、と教えておられます。

今、ここにあることが、いかに稀なることか、有ること難しで、「ありがとう（有難う）」。そして、過ちを犯した時に謝るのではなく、一人ではない、全てに守られている、全てのおかげをいただいている、そのことへの恩返しが、まだすんでいませんという、「すみません（済みません）」。そして邂逅は、天地が与えてくれためぐり逢いには肯定以外のなにものもないので、「はい（拝）」に表されるという。

この三つを本来の言葉通りに実行することで、人生がよりよい方向に転換し導かれていくと、お釈迦様がお説きになったということです。全く異論はありません。

密教的に考えると「普《ふ》供《く》養《よう》三《さん》力《りき》」に帰すると私は思っています。「以《い》我《が》功《く》徳《どく》力《りき》、如《によ》来《らい》加《か》持《じ》力《りき》、及《ぎゅう》以《い》法《ほう》界《かい》力《りき》、普《ふ》供《く》養《よう》而《に》住《じゅう》」（『大日経七供養儀式品』）と説かれるように、自分の努力、目標に向かって進み、それを続ける姿勢、その姿を見て如来の加持力が働く。大いなるものに対して謙虚になる、全てわが師という気持ちになれば本物でしょう。

「如来加持力」は、信じる心を持った者に与えられる如来の力添えだと思います。これを分かりやすく身近な人々に置き換えてみてください。信じる心を持った者に与えられる如来の力は、先輩方の力添えといえましょう。先輩、上司、先生、そして周囲の人々の応援が加わる。その勢いで、その先輩方に縁のある人たちの智慧と応援が加わる。そうしてその上で成就に向かう。

実に清々しい道筋だと思うのです。これをさらに分かりやすい言葉に置き換えると、

「やります。お願いします。ありがとうございます。さあ、やろう」になるのだと思っています。

積極的によい縁を求め、積極的によい言葉を発し、積極的に行動する。これが仏教を学び、行じることの第一歩でありましょう。

「ブッダ」とは、目覚めたる者。朝が肝心です。毎朝、お日様に感謝、雨に感謝、風に感謝、万物に感謝です。そして生かされていることに感謝をする習慣をつけたいと思います。

茶色の弁当

今日はいつもの増益《ぞうえき》の護摩ではなく、お守りの護摩、護法の護摩を焚かせていただきました。密教、真言宗の教えの根本理念は、「即身成仏《そくしんじょうぶつ》と密厳国土《みつごんこくど》の具現」ということになります。

「即身成仏」というのは、今、ここに生きている自分が、仏様そのものであるということに気づくこと、そして仏様としての生きざまを実践している者の集まりが、「密厳浄土」、即ち現世浄土の具現につながるということです。なかなかその実践が難しいというのですが、まずは感謝をする、ということでしょう。

目に見えるもの、感じたことへの感謝をする習慣がついてくると、感謝の質が変わってきます。例えば、まずは三度三度ご飯をいただいていますが、最初に感謝をするのは、ご飯を作ってくださった方への感謝です。簡単なようですが、これがなかなか難しいのです。

「いただきます」と手を合わせて食事を始められる方は大勢いらっしゃるでしょうが、具体的にその食事を作ってくださった方を思い浮かべて、「いただきます」とおっしゃる方は少ないでしょう。これができている方は、自然に食材を作ってくださった方、青果市場の方から漁師さん、お魚屋さんにお肉屋さん、農家の方々、数え上げれば、実に大勢の方々への感謝に繋がります。そして、その先は、食材そのものへの感謝になります。

ここまでは、存外、目に見えているものへの感謝なのです。これは、大地があって、水があり、空気があり、太陽がありと、大自然があってこそ。いつもはあることにすら気がつかない。地・水・火・風・空という五大の存在があることに行き着きます。そうすると、自分の心、即ち識ということは、五大があって初めて成り立っていることに気がつけるわけです。

断食をしても十日や二十日は生きていくことができますが、空気や、水など、五大の要素がなければ一日たりとも生きていけないわけですから、感謝がここまで行き着けば、心はいつも穏やかに、真に安住しての生活が可能になるのだと思います。

お釈迦様の普段のお暮らしと、私たちの普段の暮らしに、それ自体さほどの違いは感じられないかもしれませんが、お釈迦様は朝、目覚められた時に、その目覚めに感謝し、今目覚めたことに集中される。また、食事をなさる時も、食べておられることに集中する。人と話をされる時は、その話に集中なさる。一日の小さな行いにも自覚と感謝をもって接しておられたと伝えられています。わずかそれだけのことですが、その積み重ねが仏としての自分に近づく近道なのだと思います。

先般、岡山にある後輩の寺の法要にうかがいました。その時、後輩である住職が、参列の方々になさったお話です。

九十三歳になるおばあさまのご葬儀の時のことですが、葬式を済ませて出棺の折に、三十歳ほどの女性のお孫さんたち三人が、小さなお弁当と手紙を入れられたそうです。

火葬場からの帰りに同じ車に乗り合わせたので、そのわけを尋ねたところ、その三姉妹は、小学生の頃、母親を亡くされて、父方の母親、つまり先ほどお送りをしたおばあさまに育てられたとのことでした。ずっと母親代わりに頼って生きてこられたということです。

長女が高校生になって、毎日弁当を持っていくようになりました。毎日のおかずは変わるのですが、煮物が主で、味が薄かったら可哀そうと、特製のたれをご飯にかけてあったそうです。なにぶん戦中戦後を生き抜いてこられたお方の手作りのお弁当ですから、全体の色合いも茶色で、お弁当の時間が恥ずかしくて隠すように食べていたのですが、いつしか男子生徒の知るところとなり、「茶色の弁当」とあだ名がついたのだそうです。何日もからかわれて、ついにおばあさんに文句を言ったのだそうです。

次の日からお弁当にはさまざまな工夫がされていましたが、全体的に茶色っぽいというのは変わらなかったようです。次女も三女も程度の差こそあれ、同じような思いをしたお弁当であったようでした。

年月が経ち結婚をされて子供も授かり、数年が経った頃、子供が平均よりりからだが小さいことが気になりお医者様の診察を受けたところ、健康には問題なしということでしたが、いろんな要素があるからと栄養士さんを紹介されたそうです。そこで食べ物の組み合わせのよい食材に丸印をいくつか付けてもらったところ、それかことごとくおばあさんのお弁当の組み合わせであることに気がついたとのことでした。

帰ってから妹たちに話しておばあさんの配慮を確認し合ったのですが、その時すでに、おばあさんは病気で意識のない状態であったために、感謝の言葉を伝えることができなかったということでした。そこで感謝の心を一杯に詰めたお弁当と手紙を、お棺の中に入れたということだったのです。住職はその話を聞いて涙がとまらず、その後の法要ではお経にならなかったという話でした。

人の配慮の有難さを、気づく、感じる、ということはなかなか難しいことで、皆様も日常の中で気づいていないことがたくさんおありのことと思います。気づくタイミングが遅ければ後悔になります。

普段から日常の所作に自覚と感謝を忘れない生活が身に付いていれば、身近な人の黙ってしてくださることの真意も、また、大自然からのおかげを感じることも増えてくるように思います。なんでもいいですから、けじめ、節目、という機会をたくさん経験して豊かな人生にしていただきたいものです。

受け取る準備のできている人には、それに応じた幸せが必ず用意されているように思います。

心のスイッチを入れる

夜半からの雨で、咲き初《そ》めたしだれ桜、開き始めた馬酔木《あしび》、そして躑躅《つつじ》や石楠花《しゃくなげ》、ほかの木々や草花などのつぼみも膨らみ始めています。まさに天からの恵みの雨という風情です。大自然の恵みによって、木々や草花にスイッチが入ったことが、はっきりと目に映ります。

誰もがこの大自然を共有しているのですから、植物だけでなく動物にも、あまり気づいていないかもしれませんが、確実にスイッチが入っているのだと思います。もちろん私たち人間にも、スイッチが入っているのです。「暖かくなってきた、よし、やろう」、そう思った経験を、皆さんも持たれたことがあると思います。

なぜ、そう思い立った時、直ぐに行動を起こさなかったのか、と悔やまれることがあります。大自然の恵みによってスイッチを入れていただけた。それを感じ取ったのならば、一つでも目標を定めて、実行に移すことが大切だと思います。

「もう少し暖かくなったらやろう」、そのうちに、「梅雨が明けたらやろう」、そうこうするうちに夏が来て、「この暑さが一段落してから」となり、秋が来て、「ああ、食欲の秋、ご飯がおいしいな」、冬が来て寒くなってくると、せっかく入っていたスイッチがそこでプッツリと切れてしまう。

そしてまた春が来て、スイッチが入るが、行動に結びつかない。この繰り返しでいたずらに歳月を送る、ということになってしまうのですね。思い立ったらまず行動することです。体と心を動かしてみる、それは散歩であってもいいのです。

確かに年回りによって始めた物事が成就しやすい、運に乗りやすい、という時期があります。それでも一番は、すぐ行動を起こし、それを持続しながら、芽吹き、成就を待つことが前向きに生きることですし、この命を発揮することではないでしょうか。スイッチ・オンを大事にしたいと思います。

立春を迎えて新しい年が始まりました。今までの蓄積が、善きにつけ悪しきにつけて噴き出す年回りであると予測されています。例えば、大企業といわれていた企業の倒産、反対に小さな企業の大躍進などが代表的なこととして誰の目にも見えてきだすことでしょう。

また、政治の世界でも、悪政といわれ続けていたものが一挙に変革されていくでしょうし、地球規模では、地震、台風、日照り、洪水などは、昨年にも増して多くなると予想されていました。実際、まことに慌ただしい動きが出ています。

四柱推命、風水、易、占星術など、陰陽のバランスや干支《えと》を含めて、あらゆるものから総合的に公平に分析すれば、大きく外れることはないように思います。先人の智慧に学ぶことは大切だと実感しております。

先ほど申し上げました通り、今年は善きにつけ悪しきにつけ、今まで蓄積されていたものが芽吹いて茂り出す。もちろん、それぞれの技量に応じていろいろな雑音や妨害であると取ることが出来るような事象も、多く降りかかって来ることでありましょう。

お大師様は、このように説かれています。

「大山《たいざん》徳広ければ、禽獣《きんじゅう》争い帰し、薬毒雑《まじ》わりを生《お》う」（『秘蔵宝鑰《ひぞうほうやく》』巻中』）

大きな山は、徳の力が広々と広がっているから、鳥も獣も競って入り込んでいる。しかし、それらを抱え込んで、静かになすがままにさせている。草木においては、我がもの顔になるものもある。しかし、大地は黙々として、どちらも載せて悠々と運航していると。

そして、『即身成仏義』には、こう記しておられます。

「六大無碍《ろくだいむげ》にして常に瑜伽《ゆが》なり、四種曼荼《ししゅまんだ》各々《おのおの》離れず」

善きも悪しきも全てを含んでの世の中なので、真の姿をしっかりと見極められるような訓練をして、雑音すらも栄養と受け止めることができる心を早く作りましょうと、おおせになっておられるのだと思います。

その何ものにも動じない心を持つためにいかにすべきか、これが問題なのです。必ずこの問に帰ります。人間としての生を受けたからには、魂を高めていくという前提に立てば、必ずここへ戻ります。避けて通れないのです。これは、人間の生き方の基本であるのです。

和尚さんらしくいわせてもらえば、「六波羅蜜《ろくはらみつ》の実践」ということになります。皆さんはすでにご承知のことでしょうが、「布施・持戒・精進・忍辱《にんにく》・智慧・禅定《ぜんじょう》」の積極的な実践です。

布施波羅蜜は、人々に施し与えるという実践行。これは金銭や財物を与える財施と、教えを伝える法施《ほっせ》があることはご存知のことと思います。

持戒波羅蜜は、戒を受持し守っていくこと。忍辱波羅蜜とは、人から悪口を言われても、罵倒されても、危害を加えられても、怒りをもって報復することなく、ぐっと我慢をする、耐えていく。

これはなかなか大変なことですが、精進波羅蜜でもって、それらの善を進め、悪を断ち切るために、勇敢な心をもって推し進めていこうというのです。

次に、禅定波羅蜜と智慧波羅蜜になりますが、心を一つの対象にとどめて心を鎮め、真理を見極めるための智慧を磨くという修行です。

話は変わりますが、今、こんな簡単なことで世間の注目を浴びるのかと思うことがありますので、少しお話をさせていただきたいと思います。以前に「トイレの神様」という歌が大ヒットして、紅白歌合戦にも出場して人々の関心を引きました。「トイレをピカピカに掃除すれば、別嬪さんになれる」。関西地方ではかなり昔から、そのように言い伝えられていたことです。これを歌った植村花菜さんは、宝塚市の雲雀丘学園小学校のご出身なのだそうで、当時から友人たちとその話はしておられたそうです。いわば、当たり前のことを歌にしただけで大ヒット。皆がびっくりしたということのようです。

また、早稲田実業から早稲田大学を経て日本ハムに入団した、斎藤祐樹投手を覚えておられますか。彼が高校を卒業する時、記者会見の後で、自らが座っていた椅子をきちんとたたんで元に戻したことが、「躾《しつけ》のできたおうちのお子さんで、その素直さに、国民みんなが感動した」という報道がなされました。

そして入団後、「選手寮から外出する時、スリッパをきちんと揃えた」と大々的に取り上げられ、スポーツニュースだけでなく、ＮＨＫの番組でも、「スリッパをきちんと並べることができるとは、なんと素敵な青年だろう」とアナウンサーが感心しておりました。

当たり前のことをする、そんなことが「偉い」と評価される世の中とは、いったいどういうことなのでしょうか。それほど、日本人の質が落ちてしまったというのでしょうか。お二人には敬意を表しますが、総理大臣やその経験者でさえも、その場逃れを平気でおっしゃる時代ですから、当たり前のことをして、もてはやされる時代であっても、おかしくないのかもしれませんが、世界の国々から信用をなくさないようにと祈るばかりです。

けれども、「当たり前のことを堂々とする」。それだけでも日本の信用は保てるのだと思いますし、もしも失ったものがあれば回復することでしょう。

「大山徳広ければ、禽獣争い帰し、薬毒雑わりを生う」

まず自らが当たり前のことを当たり前として行動する。積み重ねれば懐が深くなり、不浄を不要とせず清めることができるようになると思っています。

護られるべくして護られる

今朝、といっても夜中の三時半に、激しい雨の音で目が覚めました。前日の丹波や福知山、広島といったところの、豪雨による大災害の悲惨な状況を、テレビで見聞きしていたからでしょうか。

雨音とともに土の匂いまでもが感じられて、思わず光明真言をお唱えしていました。横になったままでしたが、気がつくと目が半眼になっていました。これは癖というものなのでしょうか、「半眼にして鼻端《びたん》を護る」というのが、念誦や瞑想の時の基本です。これは、魔が入らぬためと思っていたのですが、実は眠らないための方法だったのでしょうか。漸く気がつきました。

自分が唱えた真言が、その真言の功徳と共に、祈る者の思いも載せて、目の前の仏様のお臍のあたりに吸い込まれて行き、仏様の中で浄化され、功徳と共に、その深奥から発せられる祈りが自分の中に戻って来る。

それが仏様と自分との間を循環し続けて、「入我我入《にゅうがが　にゅう》」の境地となります。そして功徳が成就されるのです。その時に、目の前には清らかな光、つまり、月輪《がちりん》のような優しい光を感じることができればよいわけです。そのようにして、少しでも被災地の方に優しい光が届けばと念じました。

「護られるべくして護られる体になる」ということを、私はたびたび申し上げておりますが、先日、六十歳ほどの男性とお話をしておりまして、その話題となりました。その方が、「和尚さんの言われるその意味は、人事を尽くして天命を待つということですか」と尋ねられました。私は、「なるほど、そういう考えもあるのだな」と思いまして、その時はうなずいたのですが、それ以来、どうも心にかかり続けていたのです。

「信仰をしているから護られているのか、護られていることを自覚しているから信仰できるのか」。鶏が先か、卵が先か、ということと同じように思われるでしょうが、かなりの違いが私の中にはあります。

「人事を尽くして天命を待つ」という言葉はよく聞きますが、明治の頃の仏教学者、清沢満之《きよざわまんし》先生は、「天命に安んじて人事を尽くす」といわれています。人事と天命がひっくり返って使われているわけですが、清沢先生の言われる「天命」は、運命というよりも、「如来のお働き」ということを指しておられるようです。そして「安んじて」という言葉の意味は、あくまでも「如来のお働き、ご加護」ということを信じ切って、安心して自分の力を発揮できる境地のことだと思います。これがとても大事なことなのではないでしょうか。

今回の大きな災害のことを思っても、災害や事故はさまざまなところで起こりますが、助かる方と、わざわざ死ぬためにその場所へ行かれたのかとさえ思える方がおられます。ただじっとしていて助かる方もいる一方で、避難の途中に命を落とされる方もおられたりして、つくづく人間の運命というものを感じさせられてしまいます。

以前にもたびたびお話を申し上げておりますが、桂枝雀さんの落語の枕に、「金は天下の回りものと申しますが、いつでも、どこでも、誰にでも、回って来るというものではございません。お金には「回る道」というものがあるんやそうでございまして。ですから、その回る道のニアーバイ（近く）にいられる方には、しょっちゅう回ってまいりますが、その回る道のファーラウェイ（遠く）にいられる方には、いつまで経っても回って来んのでございます。そして、お金という代物、たいそう寂しがり屋でございますので、仲間のいるところ、友だちのいるところに集まりたがるのやそうでございます。ですから、お金持ちになろうと思えば、まずお金を貯めねばなりません」というくだりがあります。

自分から進んで徳分の積み立てをする。そうすることによって、知識までもが知らず知らずに得られることがあります。徳分がつけば、入って来る情報量が格段に上がるように感じます。それは日常生活においても、「知っているということと、知らぬままでいるということ」の差になり、これは一生を通じてでは、大きな違いが出てくることでしょう。

このあたりでも台風に見舞われました。私は、当日お盆のお参りに出かけておりました。行きは何ともなく、かえって高速道路も空いていました。しかし、帰りは豪雨に見舞われました。前がかすんでよく見えないまま走っていたところ、突然、目の前の道が大きな池になっていまして、勢いよく突っ込んでしまいました。反対車線で軽自動車が水没しているのが見えたので、慌ててアクセルを吹かして何とか脱出しました。帰ってから車を見ましたら、前のナンバープレートが曲がっていて、かなり驚きました。

その夜、テレビのニュース番組で、「水没した車から脱出する方法」を紹介していました。車が水に浸かると、外からの圧力でドアが開かなくなります。そんな時は「車の中まで水が入って来るのを冷静に待って、ちょうど均衡がとれた時にドアが開く」ということでした。

これを知らないと、慌ててドアを開こうとして体力を使ってしまい、水が入ってきた時にパニックになって、ドアを開けることもせず慌てふためくのだそうです。知っていさえすれば、最初に脱出の算段をしておいて、水が入ってきた時にもうひとチャンス残されている、というわけです。本当のことを知るということは、命を守ること になりますし、命を輝かすことにも通じる、ということを実感したことでした。

人間の智慧は、この体の中に無尽蔵にあるわけですが、呼び水がないと湧き出てきません。その呼び水は、いろいろな話や知識を吸収することです。また、なるべくその場に身を置くことによって発揮されるのではないでしょうか。

今月の三十一日には、「百三十八億七十三年の考察」という演題で、当山奉讃会長のご講演があります。ビッグバンから今までの人間の、私たちの命の尊さを語っていただけるものと楽しみにしております。前生や、それ以前のことはなかなか計り難いものですが、せめて、この世に生まれてから今までの心の中身の点検をして整理をし、大掃除をしてもよいのではないかと思います。それによって、外からの刺激を受け、思わぬ智慧が噴き出してくるのかもしれません。ご聴講をお勧めいたします。

回向とは

新緑の木々の間を吹き抜ける風の音がさわさわと聞こえてまいります。風薫る季節は、まことに爽快です。皆様もこの季節にふさわしく、爽やかなお顔をなさっておられます。

「境閑《きょうしずか》なるときは、心朗らかなり」と、お大師様は、大自然と人との関わりをお示しですが、その通りの皆様のお顔です。自然環境のよいところでは、心も清らかで朗らかになるのです。けれども、「境、心に随って変ず」。環境は人の心いかんによって変わっていく、ともおっしゃっておられますから、私たちの心の持ち方が、まずもって問われているということです。

先日、縁あってある方の一周忌の法要を勤めることになりました。当家の仏間に通されました。仏壇と一メートル程度の間を空けて遺影が飾られ、その前に花とお供物が並び、僧侶用であろう赤い座布団が敷かれてありました。施主の意図は、明らかに仏壇ではなく、遺影を拝んでください、ということであると察しました。

ご当家とは三十年以上のお付き合いです。故人より、「私の葬儀は、絶対にお願いします」との約束で檀家となられたいきさつがあります。通夜、葬儀は、葬儀専用の会館で執り行われ、初七日から満中陰の法要は、当山本堂で勤められました。

その折に、回向は故人を直に拝むのではなく、本尊様にお経と共に参列者の故人を思う心を捧げ、その功徳をご本尊様によって故人に差し向けていただくことを、何度もお話していました。

ここであらためて申し上げますが、お仏壇は読んで字のごとく、「仏様をお祀りするための壇」です。ですから荘厳も、花立て、ろうそく立て、飯器、献茶器など、お堂の荘厳そのものが整えられています。仏壇は本堂内の須弥壇《しゅみだん》と同じであると捉えますので、「仏間はお堂の外陣《げじん》」なのだと認識してください。

ですから、仏壇の前、即ちお堂内に座り、静かにご本尊様と対話し、受け継がれてきた命の有り難さを思い、内在する仏性を顕現するための訓練の場、そこが仏間なのです。

お釈迦様は六道輪廻《ろくどうりんね》の苦界から脱するために法をお説きになられました。しかしながら、成仏が叶わぬ場合には、生まれ変わり死に変わりすること、輪廻転生《りんねてんしょう》することになります。

六道とは、地獄道・餓鬼道・畜生道・修羅道・人間道・天道です。この中で、地獄・餓鬼・畜生の三道は、悪業により生まれ変わるので「三悪道」といいます。次の修羅・人・天の三道は善業によって生まれるので「三善道」といわれています。

古い仏教説話集の『ジャータカ』には、お釈迦様の前世が書かれていますが、それによりますと、お釈迦様は各世に積み重ねた功徳の結果、幾度目かの人間として生を受けられ、ついに悟りの世界へと到達なさったとあります。

卵生《らんしょう》・湿生《しっしょう》・胎生《たいしょう》・化生《けしょう》との区別はあっても、生を受けたものの生きざまがそのまま蓄積され、次の生に貯金として受け継がれていくということでありましょう。

この世に生を受けたものは、早晩、必ず死にます。命が切れた瞬間から、中有《ちゅうう》の世界に入り、早い者は初七日に、どんなに遅い者でも四十九日には、中有、即ち中陰が満ちて、必ず次の生を受けると説かれています。

人が死に、葬儀の後の初七日の法要は、「逮夜《たいや》」として六日目の夜に営みます。二《に》七日《しちにち》、三七日《さんしちにち》から七七日《しちしちにち》の満中陰《まんちゅういん》までは、同じように前日の夜、有縁《うえん》の者が集まって、故人のために追善の法要を営み、それぞれの想いを本尊様に託して、その功徳を明日生まれ変わるであろう故人の力として送り届けようと法要を営むのです。

先ほど申しました通り、中有、即ち中陰を過ぎると、生有《しょうう》を迎え、そして地獄から天界までの六道のいずれかに生を受けます。

ここで分かりやすく、前世と同じく人間として生まれ変わったという話があります。七十歳の妻、五十歳の息子夫婦、二十五歳前後の孫たちを残して、ある男性が八十歳で亡くなりました。そして四十九日を経て再び人間として生まれ変わりました。そして生後五十日頃に、医者も投げ出すほどの大病にかかり、生死の間をさまよったのですが、不思議、不思議の連続で、何の後遺症もなく完治したというのです。

このような時、自らの治癒力、家族の看病、医者の力などは当たり前のこととして、「奇跡が起こった。ご先祖様にお守りいただいたおかげだね」というような言葉を耳にすることがあります。

もちろん、ご先祖様にお守りいただいて有難いのですが、前世に残してきた妻子、孫たちが、亡くなったおじいさんのために一周忌の法要を執り行い、真心からの供養が本尊様に届き、それが回向されたからであると、このように考えれば、不思議が何の不思議でもなく、追善供養の意味を納得することができるのです。

ずいぶん前のことになりますが、日航のジャンボジェット機が御巣鷹山《おすだかやま》の尾根に墜落し、五百二十四人という世界最多の犠牲者を出した事故がありました。その中で四人の生存者がいたことを覚えておられるでしょうか。悲惨な現場からヘリコプターによって救出される姿が今も脳裏に焼きついています。

先般の新潟地震の折には、がけ崩れで車ごと生き埋めになった三人のうち、三歳の男の子が一人、奇跡的に助け出されました。レスキュー隊の必死の捜索が功を奏したのですが、男の子の生命力、幾重にも重なる奇跡的な現象のどれを取っても、「護られている」としか考えようのないことでしょう。

「神仏のご加護」は、自らの生きざまとその結果、残してきた有縁の方々の至心の回向によって生かされている、と思わざるを得ません。「護られて生かされている」ことに有難さを感じられるようになると、護られていることだけに甘えているのではなく、この世に生を繋いでくださった両親はもとより、祖父、祖母、曾祖父、曾祖母など、わが身に連なる全ての人たち、また、現世のどこかで自分のために生きる栄養を送り続けてくださっている人たちにも、至心に感謝の意を表したくなるのは当然のこと、それが自然な考え方でありましょう。

力んで、誰々に届けと祈ることは間違いではありませんが、しかし、遺影にいくら呼びかけても、回向はあくまでも「回し向ける」ものなのです。真心こめたお弁当を本尊様に託すという気持ちで、真実の、功徳のいっぱい詰まった経典を読誦することが基本となります。仏様が、他生の故人に一番ふさわしいかたちにして届けてくださることでしょう。

法事の際には、今ここに生を受けている感謝を基礎にして、故人の遺徳を偲ぶことです。せっかくの法事です。以上のことを心に留めて、素直な読経を仏様に捧げることに集中していただけたらと思っています。

条件反射

梅雨を間近に控えておりますが、朝は鶯やホトトギスが競い合って鳴く声を聞き、日中は蝉が鳴き始めました。夜は夜で蛙の合唱が盛んで、気持ちのよい毎日が続いています。一日に一回でも、「清々しい、有難い」と、しみじみと感じることができる、まことに恵まれた環境に身を置いていただいていると感じています。

けれども日中、外で草引きや護摩木割りなどをしておりますと、蚊がたくさん寄って来てくれる時もあります。鶯や蝉、蛙のように愛おしく感じることができたらよいのですが、ついつい蚊取り線香を取りに行く自分に気づくわけです。「人間といえども大自然の一部、万物すべてと同体である」と理屈では判っているのですが、あくまでもそれは「分かっているつもり」です。なかなか、この「つもり」から脱することができずにおります。

先般、わずかな不注意で足を滑らせ、膝とくるぶしをしたたかに打ちました。骨折とまではいかなかったのですが、ひと月ほど難儀しました。ほんの数メートルを歩くのに、百里の道を行くように感じました。足を怪我して初めて普通に歩くことの有難さを痛感しました。手や口や内臓を痛めて、初めて食事を口からいただけることの有難さを知ります。

しかし、「喉元過ぎれば熱さ忘れる」とはよく言ったものです。治ってしまえば、普段の生活がごく当たり前に戻ってしまうのです。人間とは、誰しもこのような傾向にあるのでしょうが、とくに日本人は、穏やかで四季もある細やかな気候風土の中で暮らしていますし、海に囲まれて陸続きで国境を接していないこともあってか、この傾向は強いようです。

以前、戦争の苦難を過ごした世代の方が、「日本人は何も懲りていない。戦時中あれほど国民が飢餓に苦しんだのに、農業を大切にしていない」と慨嘆しておられたのを覚えています。普段の生活の「当たり前」が、「有難い」と感じた経験があれば、その有難いという思いをどれだけ持続することができるかということが、「徳分」とも「人間の幅」ともいえるのではないでしょうか。そしてそれは、経験と心身の訓練によって育まれるものであろうと思います。

昔、江戸城に仕える大名たちは、登城の折りの行列は威厳をもって押し出すようにゆっくりと進んだようですが、老中職にある大名に限っては、駆け足ほどの早駕籠で行き来したのだそうです。

ひとたび火急のことが生じたら、何を置いても真っ先に駆けつけなければならない「老中」の役目柄、急な呼び出しの時に早駕籠を飛ばしたのでは、町の人々に「お城の一大事」を悟られてしまうので、いつも早駕籠ならその気配を感じられずに済むという解説が付いています。

しかし、私が思うに、何時も早駕籠に乗り慣れていれば、一大事があった時も、いつもと変わらぬ籠の中で、じっくりと平常心で集中し解決策を練りながら登城できる。老中という職にある以上、いざという時に備えた、心身の訓練であったように思っています。

皆様は、「パブロフの犬」をご存じでしょう。帝政ロシアの時代、ソ連の生理学者パブロフが発見した「条件反射」です。犬に餌を与えるのに、「食事ですよ」という代わりに、ベルの音を聞かせたのです。それを繰り返しているうちに、ベルの音が聞こえると、食事だと思って近寄ってくる。食事でなくても、ベルが鳴ればよだれを垂らしながら寄ってくるようになるのです。

人間もそれと全く変わらない。パブロフは、「言葉も条件反射のメカニズムによって機能している」といっていますが、残念ながらこのことまではあまり知られていないようです。

密教の修法では、手に「印」を結び、口に「真言」を唱え、心を「三摩地《さんまじ》」に住します。一見して何をしているのか判らないかもしれませんが、印・真言・観想ともに仏様との共通認識事項であるからこそ、「入我我入《にゅうががにゅう》」ができるのです。即ち、仏様と修行者とが一体となるのです。

両手を合わせて合掌する。これは、自分が仏となった時の姿です。パブロフの犬ではありませんが、一種の条件反射です。この姿形を取っている時、悪いことは思いつきませんでしょう。これは敬意や感謝に包まれた時に、自然に起こる仕草なのです。ですから、意識して日々、合掌することで、「当たり前」を「有難い」に変えることとなり、その継続が人間の幅を広げる基になることでしょう。

また辛く悲しいことに出会っても、そっと手を合わせるだけで、素晴らしく、楽しく、嬉しい思いが涌いてきます。条件反射というものは、人間として生まれた時から備わっているのですから、条件さえ与えればよいわけで、自分ではやっているつもりがなくても、ちゃんとそうなるのです。

以前、落語の桂米裕師匠の独演会で聞いたのですが、話の枕での小咄で、

「隣の家に垣根が出来たんだってねぇ」、「へー」

「鳩がなんか落としていきましたよ」、「ふーん」

「おかあちゃん、パンツ破れた」、「またか！」

これは皆さんもよくご存知の小咄ですが、「垣根」と「塀」のことが分かっている

から面白いわけですし、鳩のいない国の人には、鳩が糞を落とすことがどういうことか分からないでしょう。また、パンツをはくという文化がない国の人には全く通じないわけです。落語は、皆さんと同じ「共通認識」の上に成り立っています、ということを語っておられました。

なるほど、基本を共通に認識できていることが、同じ場所、同じ世界で生きていく要件です。会社経営の基本として、社長から社員まで全員が、その言葉の意味、考え方の組み立て方など、共通認識をはっきりと持つことが大切だろうと思います。

調和の取れた世界の中でこそ、安心して向上していくことができる。その上でお互いの個性が発揮できれば、お互いが輝き合うことができるのです。

「密厳浄土」、「現世彼岸」、「我即大日」が共通事項となり、その言葉に条件反射できるようになることを、ひたすら念じています。

自業自得について

ようやく梅雨入りをしたようです。二か月前の予報では、例年の六月上旬よりも少し早く梅雨入りをするようなことを発表しておりましたが、徐々に延びて、観測史上最も遅い梅雨入りということになりました。

いまの予報では、立秋頃まで長引く恐れがあるとか、七月は大雨が降りやすいとか、何やら不安になるような情報ばかりが耳に入ります。心づもり、備え、ということを喚起されているのでしょうが、もう少しよい情報も聞きたくなります。

同じく、毎日のように殺人事件などがテレビ、ラジオを通じて見聞きされます。恐ろしい世の中になってきたな、と感じることはしばしばですが、過去の統計を見てみると、殺人事件は五十年前の八分の一、十年前の二分の一にまで下がっています。人口一〇万人当たりで、〇・三人まで減少しています。マスコミが誇張して危機感をあおっているように感じることもありますが、そういう事実に目を向けることも大事だと思います。

新しい元号は「令和」。「さあ、やるぞ」という意気込みで始まりましたが、皆様はその気持ちを持続なさっておられますか。仏教実践には「三心」、三つの心を持ち続けることが大切です。

まずは「発心」。機会を見て何かを始めてみたいという心を持つこと。次に「決心」。実際に段取りをして始めること。そして「相続心」。続ける心です。

なにごとも、発心し、決心までは、喜んで心楽しく希望に満ちて進むのですが、相続心、なかなか続かない、ということがあります。本当に続けることは難しいことです。

けれど、食事は強制されなくても毎日いただくわけですし、眠ることも多くの場合、ほぼ毎日、なにごともなかったかのように眠れるのですから、そのことを「欲」のレベルにまで、やろうとしていることを持っていけば、楽しく続けることができるはずです。

「欲」というと、悪い方向のもの、捨て去るべきものという思いがありますが、実際に求めてみると、意外に求め難いものであり、また捨て去りやすいものであることも分かって、「大欲」への足掛かりになるように思います。

お釈迦さまやお大師様が持たれた欲が大欲です。お金が欲しい、名誉が欲しい、といったような欲でなく、一切の人々を救済しようという欲です。欲を捨てるのではなく、欲を高めていくのです。真言密教ではこれを「大欲清浄」といっています。


先般、仏教寓話を読んでいましたら、こんな話がありました。ある村で、二軒の家が隣り合わせにありました。一軒の家は七人家族ですが、争いごとなど何一つ起こらず仲睦まじく暮らしていた。もう一軒は三人家族なのに、毎日喧嘩が絶えず修羅場のようなありさま。「どうしてお宅はそのように仲良く暮らせるのですか」と、三人家族の主人が、七人家族の家を訪ねて聞きました。

「お宅は大家族なのに、喧嘩一つしたことがないと聞きます。それに引き換え、私の家は三人家族なのに、毎日喧嘩が絶えず修羅場のようなありさまです。どうすれば、そのように家族が仲良く暮らせるのですか」と。

そこで七人家族の主は、「私の家は、悪者ばかりの寄り合いですが、お宅様は良い人ばかりが集まっておられるからでしょうか」と答えました。三人家族の主人は合点がいきません。「七人も悪者が揃っていれば、いよいよ喧嘩が募るはずではありませんか。悪者ばかりだから喧嘩がないというのは、どういうわけですか」。

「いや、なにも難しいことではありません。例えば火鉢が転んでも、茶碗が割れても、皆が『それは私の不注意であった。いやいや私が軽率だった』と、お互いが我先きに悪者になる競争をします。だから喧嘩の起こりようがないのです。

あなたのところはこれと反対で、何か間違いがあると、皆が善い人になろうとして、『おれは知らん。貴様が悪い』と、お互いに罪のなすりあいをするのでしょう。茶碗が棚から落ちて割れても、もともと棚の作りが悪いからで、棚に置いた私の落ち度ではない。誰がこんな棚を作ったと叱りたて、自分の落ち度から逃れようとするのではないでしょうか。だから喧嘩が絶えないのでしょう。私の家では競って善人になろうとする。あなたの家では競って悪者になろうとする。その結果が、私の家では争いがなく、あなたの家では喧嘩が絶えないということなのでしょう」。

仏教の基本は、「因果応報・自業自得」が原則です。よいことを得たいならば、よいことをする。悪いことをすれば、悪い目に遭う。自分の身の回りに起こったことは、自分に原因がある、というのが大原則です。

身の回りに起こったことから逃げようとしても、自分に原因があるのですから、逃げようがありません。いかにきちんと自らがそれらを受けて浄化するか、そのことが次への「因」として働くのです。この七人家族のような生き方ができれば嬉しいことです。

業を果たすのも、積極的に身に受けるような習慣がつけば、それがかえって今後のよい「果」を生む「因」になる、ということです。原因があって結果があるわけですが、その間に「縁」があるのです。つまり「因」→「縁」→「果」と働くのです。

例えば花の種を蒔いたとします。種を蒔いたからといって必ずしも花が咲くとは限らないわけです。「種を蒔く」という因があり、そこに「よい土壌であるか、適度に水を与えたか、天候、気温はどうであるか」などの縁によって、どのような花が咲くかという「果」に結びつくのです。

一口に「因縁」といいますが、「因縁生起《しょうき》」といった方が分かりやすいように思います。今、何をどのような思いで行うかが、全て結果に繋がるのです。

先ほどの話には、生き方の順序ということが説かれているように思います。汚い話で恐縮ながら、落語の中に出てくる話です。あるご隠居さんが、「一枚の鼻紙を一度だけ使って捨てるのはもったいない。一度鼻をかんだらそれを干しておいて、乾いたらトイレで使えば、二度使えて大きな節約になる」と話したのを、長屋の与太郎が聞いて、早速、実践をするわけですが、後日、ご隠居さんのもとを訪れて、愚痴るのです。いわれた通り紙を使ったところ、えらい目に遭った。もうご隠居のいうことは信用しないと。なぜでしょうか。順序が違っていたのです。

なにごとにも善きことと気づいたことは、先に自分から行なうことが、幸せに生きる、和をもって生きることに繋がるのだろうと思います。

何度も申し上げていることですが、極端にいえば菩薩と凡夫の違いは、「誰からも好かれている人と、そうでない人の違い」といってもよいと思います。なにごとも調和がとれているか、とれていないかの違いだと思います。

「損得」、「出し入れ」、と申しますが、出せば新たな入れ場所ができて、幸せが入ってくる暮らしに繋がるのだと思うのですが、皆様は、いかがお思いでしょうか。

夏の章

発心・決心・相続心

先日、高野山へ上がってまいりました。

「科学と宗教、とくに密教との関わり合い。人間のあくなき欲によってここまで科学は発展してきた。どんどん進む科学技術は、人類はもとより地球の滅亡までも招く事態に進みつつある。これに歯止めをかけ、より調和の取れた科学の発展に舵を切るために密教は不可欠である」ということから、科学者は僧侶に、僧侶は科学者に、それぞれアドバイスを受けながら、よりよい国づくりを進めましょう、ということになりました。

高野山大学と、ある先端企業との試みです。かなり遅いスタートではありますが、気づいた人が気づいた時から始める。これは素晴らしいことです。その折、高野山成福院住職の叔父と話をしておりました中で、私たち僧侶が何気なく接している日常のお経を、素直に科学者に伝えてみることも面白いのではないか、という話になりました。

例えば食事の作法です。その中に、「我《が》身《しん》中《ちゅう》八《はち》万《まん》戸《こ》、一一《いちいち》各《かく》宇《う》九《く》億《おく》蟲《ちゅう》、済《さい》彼《ひ》身《しん》命《みょう》受《じゅ》信《しん》施《せ》、我《が》成《じょう》仏《ぶつ》時《じ》先《せん》度《ど》如《にょ》」という偈文があります。

私たちそれぞれの体の中には、八万個の戸といいますか、家といいますか、核となる細胞があって、それぞれに九億の蟲、つまり微細胞が住んでいる。そして、毎日、体の中では約十二兆個の細胞が生まれては死に、死んでは生まれたりして、わが身を支えてくれているので、自分が仏としての悟りを得た時は、真っ先に自分の体を支えてくれた、この身の細胞に供養をさせてもらいます、という内容です。

今のところ、科学的に体内細胞は約六十兆個だといわれておりますが、実は、安定してあるのは、九億×八万で、七十二兆個ではないかとも思われます。これを前提にして、答えから先に過程を出していくような研究も面白いのかな、と思うのです。経典には、そんなヒントが一杯詰まっています。

「物事を始める」ということでは、本日、午後からの「理趣経《りしゅきょう》加行《けぎょう》」を受けられる方たちが、大勢お護摩に参加しておられます。

理趣経は、真言宗では仏事の一切において、常に読誦する最も大事な経典です。「大楽金剛不空真実三昧耶経《たいらくこんごうふくうしんじつさんまやきょう》　般若波羅蜜多理趣品《りしゅぼん》」、これを略して『理趣経』と呼ばれています。

大乗経典の多くは、釈尊ご在世時に、諸菩薩、諸天、大比丘衆、そして龍、夜叉など異生《いしょう》のものまでが説法を聞きに集まって来たため、聴衆を問わずにお説法をされたものです。

しかし、『理趣経』は、法身《ほっしん》大日如来が、欲界最高天である他化自在天《たけじざいてん》の宮殿で、菩薩のみを聴衆として説かれたという、史実を超えた密教独特のものです。理趣経の聴衆が菩薩に限られているということは、理趣経読誦に先立つことが「自身菩薩」であらねばならぬ、ということだからです。

それゆえに真言宗においては、古来より『理趣経』を受持するためには、うがった目をもつことがないように、「最勝の菩薩」を自覚して後に、読誦し書写することを習わしとしているのです。

今日はその理趣経を読誦し、書写することができるようになるために、まず「理趣経加行」を行ない、折り紙（次第）を伝授いたします。伝授の日ですから、普段の護摩は息災の法ですが、今日は護法の護摩を修しました。

いま小雨が降っています。三週間ぶりに大地が潤っています。行の始まりの日に降る雨も吉祥なので、今日の天気を嬉しく思っています。

受者の皆様方には、本日伝授を受けられ加行成満《けぎょうじょうまん》の暁には、「理趣経読誦、書写」の許可を受けることになります。その後にようやく理趣経読誦の実践に入っていただくわけです。当然ながら、今はまだ『理趣経』を読誦することはできません。

密教の儀式や伝授には、必ず「証明師」が立ち会うことになっています。証明師とは、すでにその儀式・修法を習得なさった先輩のことで、いわば先達《せんだち》、案内人であり、後見人的な立場の方々です。今日の慶事を知り、この堂内には、証明師《しょうみょうじ》として多くの僧侶の方が来てくださいました。

今では理趣経読誦を楽しみとし、日々を菩薩行と認識している諸先輩方です。今日のお勤めも理趣経の世界を読誦によって顕現してくださいました。まずはその荘厳な雰囲気、その世界を目指してください。

真言宗にはさまざまな修行法がありますが、そのいずれにも通じる基本はたった一つ、「仏性の自覚」に尽きます。このように多くのご寺院方が菩薩の先輩として、祈り添え、守護のために駆けつけてくださった。どうぞ加行を受けられる方々は、感謝と共に、仏性を自覚しながら、しっかりと修行にお励みください。

お釈迦様はもちろんのこと、大日如来や諸尊がお説きになり、今日に伝えられている経典を読誦することによって、自らも教主の意識を持ち、仏様の所作を真似て、自らがその仏様と同体であることを確認する。身と口と心、即ち、行なうこと、話すこと、思うことの全てを、仏様そっくりに真似る。

そして、その自覚の上に立って利他の行を行なえば、縁ある人々が幸せになって当然という空間が波紋のように広がる。この空間の雰囲気が、家庭から、地域から、それが広がって全国に、もっと広げて世界中を包み込む。そうなれば仏国土が成就するわけです。

この願が成就するまでは決して彼岸に赴かないとの誓願を立てられたのが、理趣経の教主、愛染明王であり、弘法大師なのです。理趣経の後半部分にある「百字の偈《げ》」の冒頭に、「菩薩勝慧者《ほさっしょうけいしゃ》　乃至尽生死《だいししんせいし》　恒作衆生利《こうさくしゅうせいり》　而不趣涅槃《じふしゅでっぱん》」。智慧の優れたる菩薩、生死の尽きるまで、衆生の全ての苦が抜かれ、一人残らず衆生が利するまで、私は涅槃に赴かないと説かれています。

今日は、その経典を受持し、読誦し、思惟することを決意なさった新菩薩の方々が、さらに菩薩としての自覚を深める行に入られる。行者の心得の中には、「三心」を大切にすることが説かれています。

三心とは、「発心《ほっしん》・決心《けっしん》・相続心《そうぞくしん》」です。今日の行者さんたちも、「理趣経加行」を受けようと発心し、決心して、ここへ足を運ばれたのですが、後は、相続心。どこまで続けて行なえるか、ということです。

今日、私は、大勢の先輩証明師の励ましを受けて、護法の護摩を焚かせていただき

ました。理趣経加行を受けられる皆様が、一人の漏れもなく無魔《むま》成満《じょうまん》なさることを
願っております。

樹を植える

梅雨らしくシトシトとした雨の日が続いています。六月の上旬に梅雨入りしてからおよそ二週間は全く雨が降らず、例年の十分の一程度の降雨量という報道が盛んになされていました。

「雨は嫌《きら》いだけど、降らないと困る」、などと勝手なことを思ったりしますが、「風雨順時、五穀豊穣」というように、暑い時期には暑く、寒い時には寒く、雨の時期には雨が降り、適度に風が吹いたり、曇りの日もあって、バランスよく整うことが幸せの基本であるように思います。

私は子供の頃、片道四キロを歩いて小学校に通っていましたので、雨の日が嫌いでした。しかし、新しい長靴や傘などを買ってもらった時には、「早く雨が降らないかな」と思った記憶があります。少々歳を重ねますと、雨の日がそれほどいやではなくなりましたが、大事な日に雨が降ると、天を恨むような気持ちになったこともあります。

この頃は、梅雨になると鮎を送ってくださる方がありますし、境内の草引きが楽になりますので、「雨もまたよし」と思うようになりました。あるがままに呑み込む、ということができるようになりますと、よい智慧が湧いてくるように感じられます。

先月、客殿内玄関の戸を新調しました。およそ二十年、毎日何十回も開け閉めをしていましたので、割れや欠けが出てきたからです。レールの部分もかなりすり減っていました。

建具屋さんに、世間ではどの程度で交換をなさるかを尋ねましたら、「大きな家に限らず、二十年くらい前まではかなりの数がありましたが、今はあまり注文がありません」とのことでした。その理由として、以前は、結婚式や、法事、葬式などで客を迎えるために、無理をしてでも畳や建具の張替えや修繕、新調をして「人をもてなす文化」があったのですが、とのことでした。少し前に流行《はや》った、あの「お・も・て・な・し」ということです。
今は住宅事情もあるのでしょうが、冠婚葬祭のほとんどが専門の会館を借りて行われています。この話を造園会社の社長さんとしていた時に、一代で会社を大きくした父親のために、自分の家で葬儀をして懇ろに見送られたところ、「あいつはよほどのケチだ、会館も借りずに親父を送りよった」という陰口を聞いたということでした。常識が変化してきているせいか、人の心が時代に流されているのか、正しいこと、本来あるべきおもてなしの文化も、それにつれて変わってきているようです。本来のおもてなしの文化を、今一度見つめ直さねばならぬと思わされました。

話は変りますが、皆さんは、夢枕獏さんという作家をご存じですか。お大師様についての意表をついた著書もあって、それがとても面白いのです。『空海曼荼羅』には、お大師様は日本宗教史の巨星であり、日本が生んだ最初の世界人と書いておられます。その夢枕獏さんの対談集『人間って何ですか』を読みましたところ、脳科学者の池谷裕二先生が二〇一一年、アメリカで発表された研究をお話になっている部分がありました。

その概略をご紹介しますと、「二十歳前後の若い人と、六十歳から七十四歳の年配者に同じテストを行ない、どちらの方の点数がよいかの比較をしました。まず、ある単語リストを見せてそれを覚えてもらいます。しばらくしてからまた別の単語リストを見せて、「先ほどの単語リストの中にあった単語はどれですか」と尋ねて、選んでもらうのです。

面白いことに、事前に「これは言語能力テストです」と伝えますと、年配者でも若い人でも結果に差がなかったのですが、「これは記憶力のテストで、年配者の方に成績が悪い傾向にある」と事前に説明をすると、同じ試験を行なったにもかかわらず、年配者の方の点数が三分の二くらい落ちるのだそうです。

自分で「歳をとると記憶力が衰える」という先入観があって、その思い込みが点数に現れる。しかし実際は、記憶力自体が落ちているわけではない。先入観が蓋をしているというのです。つまり自己暗示をネガティブな方にかけると、だいたいそれに引きずられて、だめな結果になるということでした。

さすがに筋肉などは年齢と共に落ちていきますが、脳に関してはあまり当てはまらないのだそうです。これは一例に過ぎませんが、二〇〇五年に元気だった百十五歳のおばあさんがなくなられた時に、その方の脳を当時の最高技術を駆使して調べたところ、「神経細胞の数、シナプスの数、遺伝子の状態、たんぱく質の量などが、若い人との差がなかった」という結果が出たそうです。

つまり、健康でさえあれば百二十歳までは、脳と心臓は持つのではないかというのです。神経細胞は生まれた時が一番多く、それが徐々に減っていくのではなく、二歳になるまでに、なんと生まれ持った細胞の約七割を殺してしまうそうです。

二歳から後、神経細胞の数はほとんど変化しないのだそうです。もちろん死ぬまでに少しは数が減るようですが、全体から見ると微々たるもので、「一生減らない」と言い切ってもよいほどだということでした。私たちは、それほどに恵まれた命を、能力をいただいて、この世に存在しているのです。

「先人は樹を植え、後人は涼を得る」との中国の格言があります。気づいた人が、でき得る境遇にある人が、今できることを精一杯に行なうということで、ご縁に恵まれたからこそ、今できるのです。それがかたちとして残れば、後の人たちがその風光を楽しみ恩恵を受けることができるというのです。もちろん私たちも先人の成し遂げた恩恵に与《あずか》っています。

高齢化社会といわれて久しくなりました。世界を見ても六十五歳以上が、ここ五十年間で五倍となって、今も上昇し続けているそうです。だからこそ、先人が叡智を注いでできることをする。それを先人は、「樹を植える」と言っているのです。

高齢者という自覚を持っておられる方こそ、ポジティブに生きていただきたいと思います。そして、現代の数少なくなりつつある若者に対して、本来の日本人の在り方、日本文化の在り方など、その心構えをご教導ください。それが現世に樹を植える作業であると思うからです。

よいことばを語る

今日も雨です。以前にもお話しましたが、私は梅雨の季節が好きです。ずっと好きだったわけではなく、子供の頃はいやな季節だと思っていました。本当に好きになったのは、ここ数年のことです。

そのきっかけは、私の趣味であります尺八の会でご一緒しているお方によってです。今年七十七歳、どう見ても六十歳くらいにしか見えません。溌溂と現場に立ち、余暇には野球の審判も引き受けておられます。そのうえ無類の釣り好きで、毎年この梅雨の時期になると、「若鮎躍る、好季節となりました」で始まる絵手紙をくださいます。

今年は紀ノ川から始められるそうですが、喜々として釣り糸を垂れている姿を思い浮かべるだけで、こちらまで嬉しくなります。また、そのお裾分けも頂戴しますから、いつしか私までもが梅雨を待ち遠しく思うようになっているのです。

それに、もう一つの理由があります。それは、「私は梅雨が好き」と思い込んでいるところにあるようです。こうして口に出すことによって、ますます好きになっているようにも思われます。

これも幾度か例に出していますが、「今、梅干を口に含んだと思ってください」と申しますと、自然に口の中に唾が湧き出てきますでしょう。実際には梅干を食べていないのに、思ったり聞いたりするだけで、体が反応してきます。思った途端に体が反応して、その方向に焦点を合わせている。皆さんも、そのことにすでに気づいておられることでしょう。

夏が来る前に、暑い夏がきらい、と思うことによって、夏の暑さを何倍にも感じてしまうようになります。冬も同じことですが、情緒的な話し方をするより、統計を出して普遍的な事例とすれば分かりやすいように思いますので、ある大学で行われた実験をご紹介しましょう。

体力の似通った学生を二つのグループに分け、一つのグループには、「来年の夏、富士山へ行こう」と告げ、もう一つのグループには、「来年の夏には、ヒマラヤ登山を目標とする」と告げて、同じ訓練を施しました。

次の年に富士山へ全員で登ったところ、ヒマラヤを目標としていた組は、みな楽々と富士山に登ったのですが、富士山組は、何とかやっと登頂に成功したのだそうです。目標を高く掲げることで、同じ訓練にもかかわらず、如実に差が出てくるというのです。

「どの季節もそれぞれに風情があって好き」という思いで『性霊集《しょうりょうしゅう》』を読んでおりますと、弘法大師のご文章には、自然との調和、人間は自然の一部という記述の多さに気づき、驚きます。

『性霊集』とは、お大師様の漢詩文集です。その中に、

「春の華　秋の菊　笑《え》んで我に向ふ　暁月朝風《ぎょうげつちょうふう》情塵《じょうじん》を洗う」

「澗水《かんすい》一杯　朝《あした》に命を支え　山霞《さんか》一咽《いちいん》　夕べに神を谷《やしな》う」

とあります。岩から浸み出してくる水を一杯、朝一番にいただくと体中に沁みわたり、一日の活力が得られる。霞の中でゆったりと深呼吸をして、精神を養う、とあります。

また、『即身成仏義』には、

「六大無碍《むげ》にして常に瑜伽《ゆが》なり、四種曼荼《ししゅまんだ》各々《おのおの》離れず、三密加持《さんみつかじ》すれば速疾《そくしつ》に顕《あらわ》る、重々帝網《じゅうじゅうたいもう》なるを即身と名づく」

ともお記しです。「六大」とは、地・水・火・風・空・識であることは、すでにご承知のことと思います。大地はすべてのものを支え、浄化し、育む、という仕事を平然とこなしています。水も全てのものを養い、育み、浄化している。火も風も識も、まさに四種曼荼羅のごとくに、お互いがお互いを尊重し合って調和しているということです。

「三密加持すれば速疾《そくしつ》に顕る」を簡単にお話しすることは難しいのですが、三密とは、仏の身《しん》・口《く》・意《い》です。仏様のそれに対して、私たちの身・口・意を三業《さんごう》といいます。行なうこと、話すこと、考えることです。密教の行者が手に印を結ぶことを、身密《しんみつ》といい、口に真言を唱えることを口密《くみつ》といい、心に仏様を観ずることを意密《いみつ》といいます。「三密加持」とは、私たちの身・口・意の働きを仏様のお働きに限りなく近づける、と理解しておいてください。いずれ機会を見て、じっくりとお話をさせていただきたいと思っています。

私たちは本来、仏としての三密を兼ね備えている身ではあるけれど、しかしながら私たちは今、三毒の霧に覆われていて、自らは凡夫であると思っていて、感謝の念すら忘れている。

だから、「大地が支えてくれていること、お日様が照っていること、水があり空気があり、これら全ての命を支えてくださっているものが、なにひとつ代償を求めることなく私たちを包み込んでくださっている」ということに気づいた時、初めて感謝の念が心の底から湧き出てくるのです。

ですから、自然の中に素直に身を置くだけで、どれだけの恩恵を受け、活力をいただき、命の働きを発露させることができているかを、しみじみと感じて自覚することができるのです。その境地に入ると、「重々帝網《じゅうじゅうたいもう》」の世界がどんどんと広がって来るのだと思います。

「重々帝網」とは、帝釈天《たいしゃくてん》宮殿を飾る輝く網のことで、その網の結び目の一点一点に、宝の珠が結びつけられているのです。その宝の珠がお互いの光を映し合い映し込めて、輝いている状態をいいます。隣の宝珠の輝きが映し込められ、またその隣の光が映し込められて行く、一つの宝珠の中に全ての光が映し込められて輝いているというわけです。全てが繋がっているのですから、どこにいても瞬時に、全ての自然の変化が感じられて当然という世界が開けているのです。


その世界を、その境地を感じるためには、まず懺悔《さんげ》。今までに犯してきた罪を懺悔し、そして罪を重ねないことが肝心です。

お経を読誦する前に、先ず懺悔文《さんげもん》をお唱えしますでしょう。

「我昔所造諸悪業《がしゃくしょぞうしょあくごう》　皆由無始貪瞋痴《かいゆむしとんじんち》　従身語意之所生《じゅうしんごいししょしょう》　一切我今皆懺悔《いっさいがこんかいさんげ》」

そして、新しい罪を作らないように生きることが肝要なのです。

作家の井上ひさし氏の随筆に、「生まれてからこれまでの小さな犯罪を考えてみた。

隣の猫のひげをちょん切る。スカートめくりをする。キセル乗車をする。他人に言えば訴えられるような暴言を家族に発したことなど、ちょこちょこ足していくと、懲役五十年くらいにはなるだろう」とありました。そうです、まず、この小さな罪を反省すること。そして密教的な実践としては、「悪いことを言わない」ことです。

お大師様は、『秘蔵宝鑰《ひぞうほうやく》』の中で、こう記しておられます。

「一日に五逆、十悪を作るとも、一言一語にも、人法を謗すべからず」

「強盗を働いたものは一時的にでも衣食の利を得るが、人法を謗《そし》ったり傷つけたりする者には何の益もなく、これは無間《むけん》地獄に落ちるに匹敵する罪である」と、強く言葉の迂闊《うかつ》がないように諫《いさ》めておられるのです。

皆様が仏前での勤行時に読誦される「十善戒」でも、十のうちの四つは、言葉に関する戒めであることは、すでにご存知ですね。

「もし、この理趣を聞いて、受持し、読誦し、作意《さい》し、思惟するものあらば、たとい諸欲に住するとも、なおし蓮華の客塵《きゃくじん》の垢《く》に染せられざる如し。疾《と》く無上正等菩提《むじょうしょうとうぼだい》を証す」(『法華経開題』)

ということになるのです。「理趣」とは、お経のことばかりでなく、この、あるがままの自然を「本当に有難い」と、感じることをもお示しくださったのでしょう。

この季節は、日本人の「勤勉、誠実、優しさ」という性格を育む上にも、なくてはならぬ有難いものだと思っています。その有難さを素直に言葉に出して使うことが、今の日本人にとって、より必要なことではないでしょうか。

お互いに極力、優しいよい言葉と、その思いを発信するように心がけましょう。それが密厳浄土を具現する近道なのだと思います。

「施餓鬼法」とは

梅雨が明ければ夏が来ることは分かっていたのですが、梅雨明けが発表された日から、きっぱりと夏になりました。昨日はちょっと一息つきましたが、今日も夏本番を思わせるような日差しです。

この時期になりますと、境内の池にある大賀蓮が見事に開き出すのですが、その輝くように咲いているのを見るたびに、

「蓮《はちす》を感じて自浄を知り、菓《このみ》を見て心徳を覚る」

という弘法大師のお言葉を思い出します。蓮は汚いと思われる泥の中にあっても、その泥に一切染められることはない。その姿を観て、自らも艱難辛苦、紆余曲折の世

間に住みながら、本来清浄を自覚して、世の中の悪に染まらず清々しく生きていく。そして、蓮の中にできる菓のように、自らの体の中には大自然の全てが内在していることを感じる、とおっしゃっておられます。

さらには、この蓮の花を始めとして、「南山の松石は看れども飽かず」とか、「春の華、秋の菊、笑んで我に向ふ」とか、蘭や竹、月や太陽、星や空、海など、自然のものは全て、自分が本来清浄である仏様そのものであることを示唆してくれているのだよと、繰り返し記しておられます。

先週、ＮＨＫの「チコちゃんに叱られる」という番組を見ていましたら、「なぜ風鈴の音を聞いたら涼しく感じるのか」ということを放送していました。

室温三十度の部屋に、異なった年代の外国人三人に入ってもらい、風鈴の音を聞いてもらうと、風鈴の音はリラックス効果があり、副交感神経が働いて体温が上昇するが、日本人はその音を聞くと、風を感じている気分となり、体温が三度下がって涼しく感じる、というものでした。

番組では、「日本人の条件反射」というように結論づけていましたが、虫の声や風鈴の音までも、左脳で言語として処理する日本人と、虫の声は雑音として右脳で処理し感じる外国人の差であろうと思います。「万物全てに神や心が宿っている」という、自然を尊重して命を繋いできた日本人であるからこそ、お大師様のお心、お考えを自然に受け入れることができて、季節の変化を嬉しく感じ取れるのでありましょう。

日常生活の全てに焦点を合わす。蓮を見れば、わずかな時間でも蓮に焦点を合わせる。蓮に集中する。車を運転している時は、運転に集中する。スマホを見ながら他の考えごとをしていると、注意がそれて事故に繋がることがあります。難しいことではありましょうが、なにごとにも、焦点を合わせる訓練がいるのだと思います。

まもなくお盆を迎えます。先祖供養という時期なので、「施餓鬼《せがき》」という行事が全国各地で行なわれていますが、地域に伝わる風習だからということで、その由来を知らずに勤めておられる方が、案外多いように感じられます。

「施餓鬼」の起源については諸説ありますが、『焔口餓鬼陀羅尼経《えんこうがきだらにきょう》』によりますと、お釈迦様の十大弟子の一人である阿難尊者《あなんそんじゃ》が、ある日突然、餓鬼から「残る三日の命」であり、「死後は餓鬼に生まれ変わる」と宣告されました。

それを逃れるための条件として、「無量無数の餓鬼たちや婆羅門《ばらもん》など道行者に、それぞれ升一杯の飲食を施しなさい。それができれば、あなたの命は延び、餓鬼の苦しみから解放され、天上界に生まれることができる」というのです。

餓鬼の中には、口の中がマグマのように燃えている焔口餓鬼もいます。口に食べ物を近づけても燃えてしまい、米粒一つも食べさせることができません。升一杯の飲食《おんじき》を無量無数の餓鬼に施すなど絶望的です。

そこで阿難尊者は、お釈迦様から「施餓鬼法」を授けていただきました。観自在菩薩と世間自在威徳如来の陀羅尼を唱えながら食べ物を加持すると、一椀のものが無量の清浄な食物に変わります。この浄食はどのような餓鬼でも食べることができるのです。そしてこの清らかな食物を口にすれば、餓鬼はたちまち天上に生まれ変わることができるのです。阿難尊者は、この法を修して餓鬼に食物を施すことができて、自らの命も全うすることができたと記されています。

また、もう一つのよく知られた説によりますと、やはりお釈迦様の十大弟子の一人で、神通力を持つ目連《もくれん》尊者が、ある日、自分の母親が餓鬼道に落ちて苦しんでいる姿を見ました。何とか助けたいと、神通力をもって食べ物を届けようとしましたが、全て燃え尽きてしまいます。

そこでお釈迦様にお尋ねをしますと、「あなたの母親が餓鬼になったのは、あなたをかわいいと思うあまりに、あなただけの幸せを願い、他の子供をないがしろにしたからです。母を救いたいと思うなら、母親の行為をあなたが代わってお詫びしなさい。また、七月十五日に修行を終える僧たちに飯食《おんじき》を施して、経文を唱え、全ての霊に対して供養をしなさい」とお教えになられました。この功徳によって目連尊者の母親は、餓鬼道から脱することができたというのです。

いずれの説にも共通することは、「仏の教えにしたがって餓鬼を供養し、他人に分け与える大切さや、命を平等に扱う心を養いなさい」ということです。

よく言われることですが、自分が今、生きているということは、父母が二人、祖父母が四人、曾祖父母が八人、その前の父母が十六人と増えていき、十代前までさかのぼれば、千二十四人になります。二十八代前になると、一億人を超えていきます。これらの人たちは、すべて自分にとって直系の先祖であり、どこかで一人が欠けても、あるいは子を成さなかったとしても、今の自分は存在しないということです。

そうであるならば、先祖供養を行なうということは、数億以上、いや天文学的数字の先人を想い、敬い、感謝することになります。「施餓鬼法」では、その修法によって生じた厖大な功徳を、亡きご先祖様にめぐらすことができると説かれています。

私が出家した当時、師匠から、「一匹の餓鬼を供養することができれば、大親友三人分の働きをするほど護られる」と教えられました。「自分の先祖には、餓鬼道に落ちている者などいない」という方もおられるでしょうが、親鸞聖人は中国の道綽《どうしゃく》禅師のお言葉を引用されて、「前《さき》に生まれたものは後《のち》を導き、後に生まれたものは前を訪《とぶら》え」、と記しておられます。

「訪う」とは、ご先祖様の命の真実を訪ね、教えていただくこと、と説かれています。生かされている今の命、自分自身の存在に焦点を合わせてみれば、自ずと供養を捧げたくなるのではないでしょうか。

徳分を積む

一か月前、この夏の長期天気予報では、「ペルー沖のエルニーニョ現象によって、日本列島は冷夏」といわれておりましたが、昨日のＮＨＫの長期予報では、「エルニーニョ現象によって東日本は冷夏の可能性があるが、西日本は平年並みか、それ以上の暑い夏になる」とのことでした。それが昨日のラジオ放送では、「この夏は冷夏が予想され、農作物にも被害が出る可能性がある」とのことでした。

また、四月の終り頃には、鰹が極端な不漁である、また北の海では、「竜宮の使い」や「大王いか」といった深海の魚が次々と網にかかり、海の底では大きな異変が起きているのではないかといったニュースも流れていました。

しかし「さかなクン」という魚類学者さんが、「四月の終りから五月の中ほどまでの鰹の不漁はよくあることで、五月も半ばになる頃には、例年並みに獲れるようになる」と言い、また「深海魚にしても、今までも漁師の網には掛かっていたが、その場で捨てて港へ持ち帰ることがなかっただけで、不漁の折に、ある漁師さんが持ち帰ったことがマスコミに取り上げられ、それによって漁師さんが面白がって持ち帰っているだけのこと。だから、あまり心配することはないのだギョ」と、話しておられる映像を見たことがあります。

確かに、地球そのものが生き物であって、日々刻々と変化していることは理解できますが、マスコミの情報の不的確さと、どのような情報が耳に入るかということは、やはり自分という人間の「徳分」によるのではないかと感じています。

その徳分を積む訓練はたくさん示されておりますが、何よりの基本は、自分がいま生かされていることをしっかりと自覚することになっていると思います。

その一つとして、早いうちに「大きな目標を定めて、そこへしっかりとフックを掛けて、今までの生き方を土台として立っていることを自覚し、その目標に向かって歩むことが、自分の命を生かすことだ」と感じています。

皆様は、もうすでに目標を定めておられますか。しっかり見据えておられたら、前進あるのみです。絵に描いた餅ではもったいない。命を磨くことにはならないと思います。

お大師様も、このように記しておられます。

「高楼に鼓を懸くとも、いずくんぞ叩くにあらずして、方《まさ》に鳴らんや。智は洪鐘《こうしょう》に等し、撞撃《とうげき》の大小に随う。疑有らば請問し、打って芳音を聴け」(『宗秘論』三〇五)

鼓も叩かねば鳴らぬ。大きな鼓といえども、釣鐘といえども、地面に置いていては決して響かない。しっかりと釣り上げて打つ。その打つ大小にしたがって、響きは大きくも小さくもなる。人間の智慧も、それと同じだといっておられます。

先般、「先人樹を植え、後人涼を得る」という言葉を引かせていただきましたが、これは後の世の人たちのことを考えて、今できることを、今やるべきことを、今しっかりとやろうということです。ドイツの詩人ゲーテは、こんなふうに詩を綴っています。

今日をだらだら無為に過ごす。

明日も同じこと。

そして次の日は、もっとグズグズする。

ためらいの一つ一つが、
それぞれの遅れをもたらし、
日々のことを後悔しつつ、日々が暮れていく。

おまえは本気でやっているか。

一瞬でも考えてみるがいい。

思い切りのよさには、才能と力と魔術が内在する。

ひたすら没頭すれば、心に灯が点る。

始めるのだ。

そうすれば、その仕事は完成する。

時代は変れど、昔から真実は変りません。せっかくこの世に、今の時代に、この日本に、願い願って生まれ出たのですから、この機会を逃さず、仏の教えにしたがって生きて行きたいものです。

お経には、「願い願って私たちは生まれてきた」とありますから、今、それを意識していなくても、願い願ってようやく人身を得て、この世に生まれてきたのです。

ですから、今生で徳分を積むことです。そのためには、よいことを思い、それを言葉に出し、積極的に体を使ってよい行ないをする。「おまえは本気でやっているか」と、常に自分に問いかけて、人としてなすべきことを完成したいと思います。

光を感じて生きる

昼間は猛烈に暑い日が続いていますが、朝晩は少し涼しさを感じるようになりました。アキアカネの姿も毎日のように見ることができます。まもなく九月、夏休みも終わりです。

うちの子供たちは、夏休みに入った途端に、朝はゆっくりと寝ておりますし、起きればクラブ活動だ、アルバイトだ、友達と旅行だ、友達を連れて来るから泊めて、などなど、やりたい放題。まさに夏休みを精一杯に謳歌しておりました。

「面倒なことは後回し」で、「レポートの締め切り前には本領が発揮できる」とでも思っていたのでしょうか、お盆明けの頃から、カレンダーを睨みながら宿題帳を取り出し、新学期までの完成を目指してつじつま合わせに大わらわです。

その姿は、毎年見慣れた光景で、自分にも覚えがあるものですから、なかなか強く言うわけでもなく見ております。しかし、人生とか人の生き方にも相通じるものがあるように思えてきました。

若い頃は、仕事、子育て、レジャーと夢中になって、自分の求めるところを実現しようとしていますが、ひと年とって人生も後半にさしかかった頃には、病気や、老い、死、ということを意識し、この後どのように生きていけばよいのか、このままでよいのだろうかなどと、真剣に考えておられるように感じられます。

これは、一生には限りがあることに気づき、時間にも催促されて、はたと、本来の生き方と向き合うようになるのではないでしょうか。

子供たちにとっては、夏休みが終わりに近づくことは何かと辛いことで、期限にも催促されて、ようやく本来なすべき宿題にあたふたと向き合っているわけですが、それを見ていますと、「期限や時間に催促される」ということは、まんざら悪いことではないように思います。けれど、これを今生の期限に置き換えれば、心して、その上にも心して、生きていかねばならぬと思うのです。

先月にも申し上げましたが、八月はお盆月、九月はお彼岸月、と続きます。家に仏壇があって毎日、手を合わせる習慣のあるお家《うち》は別として、一般的には、先祖供養とかお墓参りを意識して思い出すのは、このわずか数週間くらいのことでしょう。

普段意識せずにおられる方も、せっかくの時期ですから、「お盆の期間だな」、「お彼岸の時期だな」、「ご先祖様のおかげで、今こうして命を繋いでいただいているのだな」と意識してみてください。お盆も、お彼岸も、それぞれ一週間です。この期間だけでも真摯に手を合わせることができれば、十月を迎えた頃には、ずいぶん心に変化が起こっていることに気づかれるのではないでしょうか。

密教や仏教の修行というと、お堂に籠もって拝んだり、坐禅をしたり、断食をしたり、千日回峰行《かいほうぎょう》のようにひたすら歩き祈ったり、というイメージを思い浮かばれるようですが、実際には、お釈迦様やお大師様や、生き仏と呼ばれるようになったお方のお経やご文章から推測しますと、何よりも、「日常の暮らしへの感謝と、いま何をしているのかをしっかりと自分自身で認識しながら暮らすことを忘れない」こと、また「常に灯り（光）を感じる」というところに行き着いておられると拝察しています。

明るい光を感じ、その光に包まれながら、感謝合掌の暮らしが身に付くと、「なんとなくわかる」という感覚が身に付いてくるように思われます。いま自分はどういう立場にいるか、いま自分のなすべきことは何か、いま一番心がけなければならないことは何か、ということが光を通して感じられ、そして見えてくるように思います。お経にしたがえば、見えてくるはずなのです。

なんということなしに、万民に好かれる人がおりますでしょう。その人の持って生まれた性格というか、人徳というか、お人柄とでもいうのでしょうか、傍からはもちろん、自分自身でも意識しておられることはないと思うのですが、確かにそのようなお方がおられます。

また、その人の動くところは、いうに言われぬ光というか、明るいオーラがあって、豊かな感じの漂う人々がおられるように思います。たぶん日常生活の中で、無意識にも光を感じ、他を想い、祈りや感謝を忘れずに暮らしておられるのでしょう。

世界中、誰もが皆このようであれば、まさに仏国土です。細菌学者のパスツール博士は、「チャンスは、備えあるところに訪れる」と言っておられます。

まもなくお盆、そしてお彼岸を迎えます。手を合わす機会がまいります。しっかりとお祈りをして、「あの人の傍にいるとなんとなく幸せ」と、そのように「なんとなく思われる人」になるための、心の準備期間の二週間が間もなく訪れます。光を感じながら感謝の祈りを捧げましょう。

大きな夢を持とう

夏は暑いものと思っておりましたし、もう何度も経験しているはずなのに、今年の夏は本当に厳しい暑さでした。今までに比べて、と言えるようになったのは、それだけ年を取ったのでしょう。長年生きて、何らかの成長があったからこそ、最高に暑かった夏を経験できた、と言えるようにならなければいけないのかな、と思います。

この夏がこれほど暑く感じられたのは、私の一方的な感覚であって、地球や天候の側から見れば、何十年に一度巡って来る、ごく当たり前のことなのでしょう。そして、自分にとって都合の悪い巡り合わせも、それが成長の種、気づきの種になるということなのでしょうか。

なんともお恥ずかしい話ですが、暑い最中に草刈りをしておりましたら、熱中症らしき症状を起こしまして、三十分ほど意識を失っていたそうです。周囲に人がいたために、おかげさまで事なきを得て、今はこの通り元気にいたしております。先般、友人の寺の法要に呼ばれて参りました時にその話をしましたら、「世の中の定年に近い歳なのだから、自分の年齢をよく自覚しろ」と言われてしまいました。

倒れた後しばらく養生をしておりましたら、叔母が見舞いに鰻のかば焼きをたくさん持ってきてくれました。皆で嬉しく賞味しましたが、「なぜ鰻を食べると体力がつくのだろう」と疑問が湧きまして、インターネットで検索しました。出てきた項目の一番上に、「ウナギはなぜ高騰しているのか」というのがあり、興味をそそられ、まずそちらを開いてみました。

その概略は、「夏はなぜか体力の補給のために鰻を食べるという習慣がありますが、そのほとんどが養殖であります。しかも卵から孵《かえ》すこともほとんどできないので、天然の稚魚を獲って来て、それを育てて出荷している」とのことでした。しかしここ数年、日本近海で獲れる稚魚の数が激減して、今ではカナダをはじめ各国からの輸入に頼っているのだそうです。鰻を食べるのも大変なことです。

ところが、海外からの輸入には問題があって、出荷から到着まで十数時間はかかるので、空輸中に約八割が死んでしまい、生き残った二割だけを育てているので、当然値段は安くならない。それで、空輸中の生存率を上げるためにさまざまな手を打っているのだそうです。

興味深いのは、その中で一番生存率が高かった方法が、鰻の稚魚の水槽の中に、鯰《なまず》を一匹入れておくのだそうです。そうすると、約二割の稚魚は鯰の餌になってしまうのですが、残りの八割は元気に生きて日本に到着するそうです。稚魚たちは鯰に食べられまいとして一生懸命に泳ぎ逃げ回って命を長らえるので、いずれ鰻の値段も下がるだろうということでした。

なんともいえない話ではありますが、天敵が自分の命の可能性を引き出している。鯰が水槽に入っていない時でも稚魚たちはそれこそ命がけで運ばれていたのでしょうが、八割方は死んでしまう。ところが鯰が入った途端に、本当の一生懸命になるのでしょうか、八割方が生き残る。ならば最初は、「一生懸命のつもりだった」とも考えられるかもしれません。

鰻だけの話ではありませんが、「一生懸命のつもり」とはよく聞く言葉ですが、あくまでも、「つもり」であり、「本当に一生懸命」ではなかった。自分にとっての天敵、都合の悪いことが、眠っていた本当の能力を引き出す切っ掛けになっているのだ、と思いました。

もちろん、発心し、自分の能力を最大限に引き出すために、「毎日が天敵との闘い」というわけにもいきませんし、都合の悪いことが続くのもしんどいものです。ならば普段から自分の潜在能力を引き出す、なにげない訓練とは何か。それは人それぞれにありますが、その一つに、「しっかりとした夢を持つ」ということが考えられるのではないでしょうか。

人の夢や目標というのは、大小さまざまです。性別や立場、愛情からくる夢や、欲から発せられる夢まで、きりがないほどありますが、それをどのように実現させていくかということに、私たちは多くの時間を使っています。

思い描いた夢や目標が現実になることもあれば、思い描いたストーリーとは違ってしまうこともある。けれど、最終到達点としては目標達成、夢が叶ったということもあります。夢を持ったからこそ、目標を定めたからこそ、それらは実現に向かうのです。

例えば、月に行きたいとの途方もない願いが、何代も何代も引き継がれて、今ではすでに実現しています。空を飛びたいという夢や、テレビ、ファックスなどの機材、はたまた人を救いたい一心で開発されたワクチンや薬など、科学の発展も全て夢から始まっているわけです。

昭和四十年代、私が幼少の頃ですが、手塚治虫先生の「鉄腕アトム」というテレビ番組がありました。その漫画の中には、自家用ジェット機や、超高層ビル、時速数百キロで走る鉄道に、立体交差の高速道路など、当時の大きな夢が一杯詰め込まれていましたが、今ではそれらが実現しています。わずか五十年余りで、です。

唯一実現していないのは、人間としての全てを兼ね備え、足から火を噴いて飛び回る主人公の少年、「鉄腕アトム」がいないだけです。しかし、これもそう遠からず実現するのではないでしょうか。

「思いついたことは、時間の長短はあるにしても、必ず実現する」のです。これを言い換えれば、「出来るからこそ思いつく」のでしょう。自分の範疇《はんちゅう》にあるからこそ思いつくのであって、その夢や目標を追い求めていけば、必ず素晴らしい成就を見ることができるのです。

せっかくの人生で、せっかくやるのですから、「一生懸命のつもり」ではなく、心をこめた「本当の一生懸命」の姿勢で臨みたいものです。

秋の章

密教の心得

朝晩は大分過ごしやすくなりましたが、日中はまだまだ暑い日が続いております。皆様、お元気でようこそお参りくださいました。

今年の暑さは身に堪《こた》えるように感じられましたが、いつも申し上げておりますように、この暑さを感じることができますのも、生きている証でありますから、「有難い」と感謝できればよいのですが、なかなかそうもできません。

そこで例えば、禅宗ではこのような時にどう考えるか。『碧巌録《へきがんろく》』の中に、有名な「洞山無寒暑」の話が出ています。洞山良价《とうざんりょうかい》は中国唐代の禅僧ですが、その洞山禅師のところに一人の僧がやって来て尋ねます。「寒暑到来《かんじょとうらい》す如何が回避せん」と。その問いに、「何ぞ無寒暑《むかんじょ》の処に向かって去らざる」と言われたのです。
「どこが無寒暑の処か」と尋ねた僧に、「寒時は闍梨《じゃり》を寒殺し、熱時は闍梨を熱殺す」とお答えになられた。闍梨とは、この場合、出家者であるあなたは、という意味です。そのあなたが寒い時には、寒さそのものになりきり、熱い時には、熱さそのものになりきる。それが暑さ寒さのないところだ、と言われたのです。

暑さ寒さから逃れようとすると、ますますそれが苦痛に感じられる。寒暑そのものになり切れば寒暑などない、ということなのですが、なかなか難しい境地です。もちろんこれは、単に寒暑の問題だけではなく、「生死《しょうじ》の一大事に直面した時の心構え」を説いておられるのですから、一概にうわべだけをとって論じるわけにはいきません。

しかし、このように考えてみてはいかがでしょう。案外、日常に即して一般的でよいのではないかと思います。例えば、暑い時には、海の家のご主人、太陽光パネルの経営者、かき氷屋さんなどが繁盛しますね。寒い時はスキー場の経営者、暖房器具屋さん、毛皮屋さんなども喜ばれるのではないですか。

欲得づくのようであまりよい例えでないかもしれませんが、身近な事例が案外、感情移入をしやすいかもしれません。とにかく、その方々の喜びを感じることができれば、少しは「無寒暑」という境地の、ごく一端でも感じ取っていただけるのではないかなと思ったりしています。

話は変りますが、先日は当山の黎明仏教文化講座が宝塚ホテルで行なわれました。講師には、高木訷元《しんげん》先生をお迎えしました。この講演会は三十年間続いていますので、高木先生には、高野山大学の学長時代を含め五回のご来講をたまわっています。

今回のご講演は、「大師の真言教学の帰結―般若心経のこころ―」と題して、お大師様の著述である『般若心経秘鍵《ひけん》』を中心にすえてお話しくださいました。高度な内容のご講義でしたから、聞かれた方それぞれの感じ方、理解の仕方は違いよしょうが、次のような大筋ではなかったかと受け止めております。

「『般若心経』読誦の機会に恵まれているということは、嬉しく幸せに生きていける処方箋をすでにいただいている、ということである。しかし、処方箋を持っているだけでは何の役にも立たない。何が書いてあるのか、どのような薬が処方されているのか、実際に手に入れて、服用することが大事である。その処方箋を読み取り、服用するためには、理屈を考える前に、意味が分かるまで読み込み進めること。ほんのわずかでも身に付いてくると、日常生活の体験の中から噴き出すように変化が見られる。無明《むみょう》が去っていく。幸せが自然にやってくるのだ」と。

これもなかなか難しいことなのですが、高木先生には、私が高野山大学の学生時代に、「これぞ密教の心得」と、今も固く信じている一言をいただいたことがありました。

「真言宗では、お加持《かじ》、お加持というけれど、その元は何か」、それは「マッチ一本」という表現でした。「マッチ一本、加持《かじ》の元」と。「気がつく瞬間が必要なのだ」ということを熱烈にお説きくださったことが、強烈に私の魂にインプットされています。

「加持」を分かりやすく言えば、空気が充満していることが「加」、それを吸っていることに気がついた瞬間が「持」です。また、お日様が照ってくださっていることが「加」、お日様に照らしていただいていることを感じた瞬間が「持」です。即ち、仏様のお力が私たち衆生に加わり、衆生がそれを受持して、仏様と衆生が相応することです。

私たちは、本来仏性を持っていると教えられています。だから相応できるのです。この真言宗の基本を思い出す瞬間は、今日のような祈りの場であったり、経典読誦の時だったりするわけですが、この基本を大切にしていれば、自分の菩提心に火がつく瞬間が訪れやすい、ということになると思うのです。その縁を極力、逃さないようにしたいものです。

先般ご逝去されましたが、元警察官僚で、福田赳夫《たけお》、田中角栄内閣で官房副長官をお勤めになり、プロ野球コミッショナーなども歴任された川島廣守先生。この先生は当山鏑射寺《かぶらいじ》の役員もずいぶん長くお勤めくださり、大変ご多用の中でも、年に数回はお参りに足を運ばれました。お帰りの折には、私が最寄りの駅や、次の目的地へ車でお送りしていたのですが、道中、いろいろなお話をうかがいました。

ある時、「縁を生かすには、いつも積極的に生きる強い意志と、人間的な明るさが大切だ」とおっしゃいました。そのために、「私は、自分に声をかけていただいた仕事や、祝宴はもちろん、その他諸々《もろもろ》のお招きを、時間が許すかぎりお受けして喜んで出席させていただいている」と、お教えくださった思い出があります。

幼稚園の頃から先生のお姿を拝見しておりましたが、警察のお仕事、国のお仕事をしておられる時から、先生の朗らかなお姿ばかりが心に残っています。

意識して明るい場所に身を置くこと、意識して明るい方向に物事を考えることが、自分の徳分を増やすことになります。そしてそのことが、機縁をうまく受信する受像機をわが身に備えることになるのだと思います。

啐啄同時

お彼岸が過ぎたという実感がわく季節になってきました。私たちが何をしようが、季節は確実に巡ってきます。充実した時間を過ごしていても、無為に時間を送っていても、同じように去っていきます。せっかくならば、充実した日々を過ごしたいものです。

以前にもお話をしましたが、お彼岸とは、仏様の浄土ということです。つまり「仏様と同じ浄土に人間として生んでいただいたことへの感謝を捧げる期間」、また「この命を繋いでくださったご先祖様と、一切衆生に感謝を捧げる期間」が、このお彼岸の時期であるといえるでしょう。

明治の頃までは「生御魂《いきみたま》」といって、七十歳以上の方に対して、お盆、お彼岸にお膳を据えて、ご先祖代表として、その生きておられる身と魂に対してお供養をする習慣もあったと聞いています。今のお歳で言いますと、九十歳以上ぐらいなのでしょうか。それが敬老の日にかたちを変えてきたようです。

秋の彼岸を境に、日照時間がだんだん短くなってきて、日差しも和らいできます。夏の間、一生懸命に働いたお日様が、ちょっと休憩に入られた、などということを子供の頃に聞かされて、それを信じていたものです。

お日様が休憩に入られても、コロナの勢いはなかなか収まりそうにありません。そのせいなのか、あちらこちらで「ガタピシ」と不協和音といいますか、そのような感じが漂っています。

「ガタピシ」とは、建付けの悪い引き戸を開け閉めする時の音で、そこから壊れかけたり傷ついたりして、スムーズに運ばないありさまをいうのですが、もとは仏教用語で、自分と他者を区別する意味の「我他彼此見《がたひしけん》」からきています。

無我の境地を理想とする仏教では、「我」と「他」、「彼」と「此」を区別する考えは対立抗争を生む元凶として、信仰や修行により克服されるべきものとされていますので、そこから自他の関係がうまくいかず、ギクシャクする様子や、対立して騒がしいありさまを「ガタピシ」というようになったのです。

今まで普通にできていたことが、何らかの障害によってうまく進まなくなった、勝手が違う事態になった時、どうしても「我」が出てきます。「我」という字を見れば、棍棒と矛《ほこ》を振り回し、相手を傷つけてしまう心や行動のことです。コロナで世の中が落ち着かない時だからこそ、「我」を捨て「吾」に変える心の持ちようでありたいと思います。

「吾」という字には、祈りの効果を留めるという意味もあると聞いていますが、地・水・火・風・空の五大を自分の中に収めて、悠々と生きている自分を「吾」という、と師父が話していたことを覚えています。そのような生き方に心を致し、徳分を増やす切っ掛けがお彼岸であると思うのです。

皆様は「六波羅蜜《ろくはらみつ》」をご存じですね。「布施・持戒・精進・忍辱《にんにく》・智慧・禅定《ぜんじょう》」です。これは仏教修行者がいつも心に留めおいて、その実践に励む六つの徳目です。

これをお彼岸の期間に、心して行じるのです。具体的には、彼岸の初日が、「布施の日」です。その日は皆で施し合いをしましょう。物でも心でも清らかに捧げ合う日です。

二日目は、「持戒の日」。戒律を守る日ですが、せめて悪い心を起こさず、嫌味なことを言わない、ということができただけでも上等です。

三日目は、「精進の日」。よいことを何か一つでもしましょう、ということです。布施・持戒・精進の三日間が終り、なんとなく心が穏やかになった時に「中日」を迎えて、心から先祖を敬い、亡くなった方を偲ばせていただくのです。

その後の四日目は、「忍辱の日」です。おそらく些細なことで腹を立てることはなくなっているでしょう。

五日目は、「智慧の日」。心が安定していて物事の道筋が見えて来る日で、これから進むべき道への智慧が自然に湧いてきます。

最後が「禅定の日」で、湧いてきた智慧をどのように生かすことができるかをじっくり考えて、答えを得る時、ということでしょう。

「君子三日会わざれば刮目《かつもく》して見よ」といいます。「刮目」とは、目をこすってよく見ることです。正しいことに気づき、それを実行に移す人は、三日もすれば、目を見張るほどに成長しているというのです。

切っ掛けということで、「啐啄同時《そったくどうじ》」という禅の言葉が浮かびます。禅において悟りを開こうとしている弟子に、師がうまく教示を与えて悟りの境地に導くことをいいます。

「啐啄」とは、鶏の雛が卵から生まれ出ようとする時、殻の中からつついて音を立てるのを「啐」、これに応じて親鳥が、殻を突いて助けることを「啄」といいます。雛と親鳥とが力を合わせて卵の殻を破って、誕生となるのです。

「啐啄同時」とは、この共同作業のことをいうのですが、転じて、「機を得て両者が応じ合うこと」、あるいは、「逃してはならない好機」をいいます。この好機に出会うことで、生き方が大きく変わります。

私たちは、他の人たちとのご縁によって生かされています。しかしながら、縁に出会っておきながらそれに気づかず、気づいてもそれを生かせず、ということが多くあります。このような縁に自然に気づけるような生き方をしたいものです。

そのためには、自分の仏性をしっかりと自覚して、魂を明るく保つことが肝心です。それが仏性を汚さない生き方であると思うのです。

「千里の道も一歩から」です。機縁は熟するものです。どうぞ、その機縁に気づく生き方をしてください。機縁が熟した時が、「啐」の時であり「啄」の時です。お彼岸の時期に、心して禅定の日を迎えたいものです。

和顔愛語する

九月は大変な雨になりました。関東・甲信越方面は大きな被害が出ているようです。そのようなニュースを聞くたびに心が痛みます。

私たち人間は、「火」を使う唯一の動物といわれています。日常生活で火のお世話にならないものは皆無といってよいと思います。また「水」は、なくてはならぬ命の源であります。私たちは、この火と水によって命を繋いでいるといっても過言ではないと思います。

しかし「災い」の漢字が示す通り、それは火と水によってもたらされるものでもあります。便利なもの、必要不可欠なものは、常に諸刃の剣であることを、心しておかねばならないのでしょう。

小さないざこざや、一寸した災いの元は、ほとんどの場合、普段空気や水のように、あって当たり前のものを大事にしなかった時に、起こりやすいのではないでしょうか。例えば、旦那様や奥様、子供さんやご両親、そして親友などです。人間にかぎらず物も同じことです。身の回りの当たり前の人や物との認識ながら、実は最も大切な人であり物であると思って暮らしている人は、人や物からも大切にされています。

「禍福は糾《あざな》える縄の如し」といいますが、災いと幸福は表裏一体で、まるでより合わせた縄のように交互にやって来るもので、不幸だと思ったことが幸せなことであったり、幸福が不幸に転じたり、成功も失敗も縄のように表裏一体をなして変化する、ということの喩えです。自然現象においても同じことなのでしょう。

似たような言葉には、「塞翁《さいおう》が馬」があります。人生の幸福や不幸は予想しがたく、幸運も喜ぶに足らず、また、不幸も悲しむには当たらない、というのです。

昔、中国の老人、塞翁が飼っていた馬が逃げ出しました。しかし、その馬は、後に立派な馬を連れて帰って来たので、老人は大変喜びました。しかし、老人の息子がその馬から落ちて足を折ったのです。もちろん老人は悲しみます。ところが息子は足を折ったがために、戦争に行かずに済みました。このように人生の幸、不幸、吉凶は、定めがたいというのです。

自然現象においても同じこと。「人間万事塞翁が馬」であり、また、「苦あれば楽あり」ともいいますから、「因果応報」が全ての基になっているのであろうと考えています。

人間が人間として、今、生かされているのは、ビッグバン以来、一瞬たりとも命が途絶えることなく続いているからである、といつも申し上げております。

その絶えることなく受け継がれた遺伝子の中には、良いことも、悪いことも全てが練りこんで糾われています。そしてその受け継いだものを、さらに糾い続けていっているわけで、いわば、自分自身で糾ってきた結果が、今の自分自身であるわけです。

幸福の縄を太く、禍の縄を細くより合わせている方もいれば、わざわざ幸福の縄を細く、禍の縄を太くより合わせている方もいるわけで、知らぬ間に生き方が変わってしまうことになりかねません。

きつくしっかりと縒《よ》り合す方がおられるかと思えば、ゆるゆると縒り合せて縄をなう人もいる。人それぞれで幾通りもあるでしょうが、それを編んできたのは紛れもなく自分自身であるということです。その結果、この縄をどのように編み続けて、どのように生きていくのか、ということが肝心なことになるのです。

弘法大師は、私たちが日常で行なうべき具体的な方法として、「大悲《だいひ》の門」と「大《だい》智《ち》の門」との二通りがあると記しておられます。

「大悲の門」とは寛容な心と態度です。人に接する時、飢えている者には食事を、寒さに震える者には布団を、といったように具体的に手を差し伸べる生き方です。

「大智の門」とは、大きな智慧のこと。きついようですが、因果応報、善因善果・悪因悪果を相手に十分納得させた上での導きが大切であるというのです。が、その根底には深い祈りがなければなりません。

被災直後の人々に、やれ因果応報だ、悪因悪果だ、などと説いて回れば、袋叩きに遇うは必定です。そういうことはできませんから、まず「自分の徳分を回向《えこう》する」という祈りの方法をとります。ただ単に手を合わせて拝むのではなく、自分の徳分をお使いください、と心底念じて手を合わせるのです。

自分の徳分を回向する、差し向けるのですから、後で自分の分をきちんと補充しなければなりません。その具体的な方法が、十善戒の保持を心掛けた日常生活を過ごすことです。そして積極的に「和顔愛語《わげんあいご》」の実践をすることが大事です。

「和顔愛語」は、皆様は繰り返し聞いておられる言葉でしょうが、これは「無財の七施」の中の、「和顔悦色施」と「言辞施」を合わせた言葉です。布施行というのは、私たち仏教徒の実践すべき行《ぎょう》なのですが、金品や財産でなくても、思いやりの心で、相手に喜びを与えることができるというのです。

その七つの施し、「無財の七施」は次の通り、『雑宝蔵経《ぞうほうぞうきょう》』（第六）にあります。

「眼施《げんせ》」、優しいまなざしで相手に快い感じを与える。

「和顔悦色施《わげんえつじきせ》」、柔らかく温かい表情で相手に喜びを与える。

「言辞施《ごんじせ》」、優しく温かい言葉で語りかける。

「身施《しんせ》」、自分の体を使って他人に奉仕する。

「心施《しんせ》」、優しい心、感謝の心で人に接する。
「床座施《しょうざせ》」、自分の席や場所を人に譲る。
「房舎施《ぼうしゃせ》」、自分の住居を宿として提供する。

先日もお話しましたように、皆さんが思っておられるお浄土は、死んでから行くところであり、またその浄土では、「人間の格好をして生まれ、何不自由ない暮らしができる」とお考えの方が多いようですが、阿弥陀様のご誓願は、あくまでも「お浄土に連れていく努力」をなさることであって、その御手から漏れることもあるわけですから、行けない場合もあるということなのです。

また、お浄土では、蝶が舞い、蠅が飛んだりしているように描かれていますから、せっかくお浄土に生まれても、蠅であるか、蝶々であるかもしれません。

だからこそ弘法大師は、人間の身で生まれている今生を、「密厳浄土《みつごんじょうど》」として現わしておられるのです。今生が浄土でありますから、私たちは仏であるということです。

辛いこと、悲しいこと、そしてもちろん、楽しいこと、嬉しいことなど、私たちが生きている上では、いろいろなことが起こりますが、「我即大日《がそくだいにち》」、「如実知自心《にょじつちじしん》」という仏性の自覚こそが、私たちの日常においてなくてはならぬ基本であり、その実践の手始めが、「十善戒」の保持であり、「和顔愛語」の実践であると思います。

皆様は、病気平癒や家内安全、合格祈願などを願って、神社やお寺でお守りを受けられたことがおありでしょう。「お守りを受け、身に付けている」という安心感をお持ちでしょうが、それだけでは不十分です。そのお守りに心を寄せて大切に扱うことで、お守りから護られるのです。

生きていく上で起こる一つ一つを、尊重して大切に縒《よ》り合わせてください。そうすれば、幸福の縄が太く長く見事に編み込まれていくことでしょう。

月輪観

昨日は仲秋の名月で、心ゆくまでお月見をさせていただきました。密教の代表的な瞑想法に「月輪観《がちりんかん》」があります。心を月輪のごとく清浄、完全であると観ずる修行法です。

普段は紙に画いたお月様を目の前に置いて行じるのですが、やはり天然自然のお月様で何度か経験しておくと、部屋の中で、紙に画いたお月様を本尊として座った時でも、その時の状態になることがたやすくなります。昨夜の満月の清《さや》けき光は、月輪観にぴったりでした。これは、密教修行者がマスターしなければならない修行法であります。

「教訓は人の導き、体験は神仏の直伝《じきでん》」という言葉がありますが、なにごとも空理空論に留《とど》まらず体験しておくことが大きな力になります。また、その体験が自らの遺伝子に組み込まれ、次の代に受け継がれていく。このことは容易に理解していただけることと思います。

しかし、五十六億七千万年前から、自分の先祖が体験していたことが、余すことなく自分の中に入っていることは、あまり自覚できていないのではないでしょうか。「如実知自心《にょじつちじしん》」、このことに気づいた人を仏というのだと思います。

先般もお話ししましたように、浄土というのは、遠く離れてあるものではなく、今、ここが浄土であることを自覚しなければなりません。そのことをしっかりと確認する期間がお彼岸なのです。ですから、当たり前を当たり前として生きていることの有り難さをも、しっかりと見つめ直す期間でもあるのです。

今日は、四国遍路を成満なさった方々が白装束でお参りくださいました。

皆様、おめでとうございます。皆様は四国遍路に出る時には、手甲《てこう》、脚絆《きゃはん》、菅笠《すげがさ》に杖をついて、巡礼なさいました。その白衣は死に装束で、そしていつでも墓標になる杖をついての、まさに命がけの祈りの旅に出られたわけです。そして無事に成満の日をお迎えになられました。

死出の旅から戻られた、いわば、「祈りによる、自身生まれ変わりの旅」が完結されたわけです。ですから、「生まれ変わった」という気持ちで、今後の人生を生きていく決意をなさったわけでしょうが、決して今までの自分を消し去って、真新《まっさら》な自分になったというわけではありません。

この世に人として生まれてくるには、五十六億七千万年間の遺伝子が詰まっているわけで、その間の因縁、つまり因と縁というものによって、現在生かされているわけです。

「因縁」という言葉を聞くと、なにか悪いことを思い出しがちですが、そうではなく、良きも悪しきも、あらゆる因と縁をいただいて、今、生かされているのです。その上に、現世の経験と知識による現在があるということです。

「生まれ変わった」という時、なぜかこれら全てをゼロにして生まれ変わったというふうに感じる方が多いのですが、そうではなく、これらすべてを含んだ上での、生まれ変わりであると認識してください。

歳をとると、「記憶力が薄れる」とか、「もの忘れが激しくなる」、とおっしゃる方がおられますが、ご安心ください。脳科学者である東京大学の池谷裕二先生のご研究によれば、「子供は経験が少ない、よって覚えなければならない事象の数が少ない。だから直ぐに記憶の引き出しから取り出すことが容易である。しかし、六十年、七十年、八十年と生きていると、覚えておかねばならない情報が莫大になり、記憶の引き出しが幾層にも重なっているので、引き出すのに時間がかかるだけのことである」と実証されておられます。

「生まれ変わって再出発」というのは、「今までに蓄積した情報をきちんと整理をつけて、真っ白な、清らかな気持ちで取り出す能力が身に付いた」ということだと思います。四国遍路を成満され、本当の意味で生まれ変わりを果たされた方々には、「今の暮らしが最高である」と言えてなお、充実した毎日が約束されていることと思います。

お彼岸で、しかも満月であるという中でのご成満を、心からお喜び申し上げます。これから高野山奥の院へお礼参りをなさるとのこと、その後は宿坊の成福院で名月を見上げながら月輪観をなされば、四国遍路成満の、この上ないシチュエーションとなりましょう。

常識と「認知的不協和」

先日、子どもたちと共に、玄武岩公園や城崎マリンワールドを見学した後、城崎のコウノトリ公園を訪ねてきました。現在およそ百羽のコウノトリが飼育されているようです。

かつて高度経済成長期にあって、コウノトリは絶滅の危機に陥りました。コウノトリは田んぼのタニシや川魚、蛙などを主食としているため、田畑に蒔く農薬が餌と共に体内に入り込んだことも一因だったとのことです。農薬に免疫のないコウノトリは、次々と死んでいったそうです。

現在、自然繁殖している個体は全国で約八十羽、今のところは順調に数を伸ばしているようですが、その背景には全国的な作物栽培の無農薬化、とくに但馬地方は力を入れて無農薬化を推し進めていることが挙げられます。

しかし、これは進歩といえるものではなく、元に戻ってきているだけであることを認識しておかなくてはなりません。正当な発展を模索していかなければならないのだろうと思います。

コウノトリ公園で説明を受けていた時のことです。学芸員さんが、「コウノトリは木の高いところに巣を作ります」と説明されたので、「鶴と一緒ですね」と応じたところ、「それは違います」と、厳しいお言葉をいただきました。

うかがいますと、鶴とコウノトリの違いというのは、その離着陸にもあるそうです。鶴の離着陸は飛行機形式、つまり、飛び立つのに助走が必要で、着陸するにも滑走が入るということです。それに比べコウノトリは、ヘリコプター形式の離着陸をする鳥なのだそうです。

ですから、よく松の木の上に鶴が止まっている絵を見かけますが、これは生物学的にはあり得ないことで、体重もコウノトリは二キロ前後なのに対して、鶴は八キロから十キロ超もあり、決して松の木などには止まれないとのことでした。ですので、鶴の巣は地面の上、コウノトリの巣は木の上、ということです。

ではなぜ、日本画で松に鶴が止まっている構図の絵が描かれるのか。それはおそらく、おめでたい鶴と松を一枚の絵に描いていたのが、いつの頃からか、松の枝に止まるようになったのだろうということでした。

その話を聞いて、家内が、「花札の〈松に鶴〉は二十点なのに、それはなくなるの？」と、わけの分からぬことを言い出しました。家内のように、今まで信じていたことが覆されると、だれしも「認知的不協和」という現象に襲われるのです。今まで信じていたことを何とか立証しようと、あらゆる記憶や体験をフルに稼働して、今までの自分の思いが正しかったことを伝えようとする行動がそれです。私もそれに襲われました。

ずいぶん以前のこと、少し漢文の勉強をしていた時に、「鶴が太夫の袖に止まって」という一文がありました。中国のことだから誇張して書いているだけなのだろうと思いましたが、念のために調べてみますと、「太夫」とは松の木のことだったのです。

秦の始皇帝が軍隊を進めていた時、突然の雨に見舞われ慌てて避難場所を探し、大きな松の木の下に入ることで雨宿りができたそうです。その恩に報いて、松の木に「太夫《たゆう》」の称号を贈ったとありました。それで、中国では今でも松の木を、「太夫木」と呼ぶのだそうです。

そんな知識がありましたので、松に鶴が止まることができないとは、なかなか信じられませんでした。

これが私の息子や娘が、「お父さん、鶴は松の木に止まらんのやて。あれはコウノトリやということ、知ってた?」などと言おうものなら、たちまち認知的不協和に襲われて、「狩野探幽《かのうたんゆう》が」とか「鶴は太夫の袖に止まる」とか理屈を並べて、聞く耳を持たなかったかもしれません。

コウノトリ公園の学芸員さんが語ってくださったからこそ、その場を収めましたが、どうも納得がいかず、寺に帰って調べました。学芸員さんのおっしゃる通りでした。誰から聞くか、どのような状況で知るか、ということは大きなことだと思います。

あやうく子供の探求心をそこなう可能性もあったわけで、自分の無知を思い知らされた出来事でありました。あとで、八十歳を過ぎた母にこのことを話しましたら、「当たり前のことじゃないの」と、軽くあしらわれましたが。皆さんには、いかがでしょうか。

広辞苑によりますと、常識とは、「普通、一般人が持ち、また、持っているべき知識。専門的知識でない一般的知識と共に、理解力・判断力・思慮分別などを含む」とあります。

常識は、持っていれば常識ですが、知らない間は当然知らないので、「常識外れ」といわれてしまいそうですが、社会によって常識が異なることがあるために、非常識となることも珍しくありません。また育った環境や家庭によっても、常識が異なることとは十分に理解しておかなければなりません。

しかし、本当のことを知らなければ、間違ったことを常識と捉えて、多くの間違いを犯す元ともなりますし、真実を誤認したまま一生を送ることもあり得ます。常識の定義は難しいことではありますが、正しいことをたくさん知ることで、物事を考える幅も大きく広がると思います。知識を得る機会を、できるだけ多く持ちたいものだと願いました。

もちろん学問や経験によって、常識は進化し増えていきます。それと同じく言葉によって、人生も大いに左右されます。心の中の思いを、素直に言葉にして伝えることも大切です。今までその伝え方を知らずにいたが、その方法を知って、心からの感謝の思いを伝えられた、という場面に立ち会ったことがありました。

それは、友人の寺へ法要のために出仕した時のことです。都合で法要前日に現地入りをしたところ、ちょうどその友人の誕生日が近いということで、その夜に、彼のお弟子さんや後輩たちが誕生会を企画していました。その祝宴の席で、私になにか祝いの言葉を、ということになりました。

そこで、私事で恐縮ですが、と前置きをして、我が家では、小さい頃から誕生日になると、両親の前に正座して、「おかげさまで○○歳になりました。有難うございました」と挨拶をします。そうして初めて、「おめでとう。今後もしっかり励むように」といってもらえるのだという話をしました。

私としてはごく当たり前のことを話したのですが、これがかなり衝撃的であったようでした。彼のお母様からのビデオレターを見た後だっただけに、周りからの勧めもあって、直ぐに電話をかけて、心からの感謝の言葉を述べるという運びとなりました。電話が通じ、きちんと挨拶はできたのですが、その後、彼は滂沱《ぼうだ》の涙を流して絶句し、私に受話器を渡しました。受け取って耳に当てると、お母さまが優しく素晴らしい言葉を続けて話をしておられます。

「心が震える」とは、まさにこのことです。思いを言葉にすれば、自身の心の整理もできますし、相手にしっかりと伝わるのです。今後、友人たちは誕生日の常識として実行してくれるそうです。

悲しいことは内に秘め、嬉しいことは精一杯表現できるようになりたいと、私は思っています。これが身につけば、自分を取り巻く環境も大きく改善され、真実を知る機会が増えるものと信じています。これも大切な仏道修行の一つでありましょう。

すべてが宝になる

東京方面では、観測史上、早い冠雪となったようです。気象予報士さんによって、さまざまな見解がありますが、この冬、雪は多めであるが、冷え込みは例年並みという見解が多いようです。昨年は散々であったスキー場関係者の方々には、とくに待ち遠しい、よい冬になりそうです。

今年も残すところあと二ヶ月余り。本年の仕上げと、来年への継続事項を改めて思い、物心ともに準備をする時期になりました。

辛いこと、悲しいことなど、たくさんあったと思います。もちろん嬉しいこともおありだったでしょう。それらを総括した上で、自分だけのことを考えるのではなく、

「誰からでも、どこからでも、よくなってくれれば」という、仏様としての立場に立って思惟する時期なのだと思います。

さて、来年の運勢ですが、いろんな意味で「たくさんの芽が一度に芽生える年」ということです。ただしこの芽は、昨日今日落ちた種が芽を出すのではなく、地下にしっかりと根を張って、満を持して芽を出したものが多いので、その成長は、「またたく間に実をつける」と表現できるほど早いものだそうです。

今までの善行による積み重ねで芽が出たと感じられた方は、最低限の手入れをしていれば、勝手によい結果がついてくるようです。舵取りを間違わないように育てれば、驚くほどの成果や慶事が続くということです。

また、良いことばかりではなく、悪いことを積み重ねた人にも、しっかりと根を張った芽が出てくるのです。こちらの方の芽は摘み取るだけではなく、しっかりと張っているので、根こそぎ取り去るにはかなりの力が必要です。

真言宗では、「煩悩即菩提《ぼんのうそくぼだい》」ということを大切にします。ならば、その根はそのままに生かしておいて、上の部分を一度刈り込み、自分の中の最高のものである善行を接ぎ木にすればよいのではないでしょうか。根はしっかりと張って、栄養を吸収してくれます。慣れるまでに時間はかかるでしょうが、素晴らしいものができあがることになります。

いずれにしても来年は、結果がどんどん出て来る年ですから、世の中も両極端になりやすくなっています。決して風評に惑わされず、「心穏やかに」を心掛けたいものです。

仲秋の名月が近づいたある日、家族で街のスーパーマーケットへ買い物に出かけました。買い出しを終えて出入り口付近の花屋さんを何気なく覗いた時、田舎暮らしの私たちには、とても信じられない光景が目に入りました。

きれいにラッピングされた三本セットの薄《すすき》と萩が、なんと五百円で売られているではありませんか。帰りの道中、河原には、何千何万本、いや、とても数えきれないほどの薄が、穂を揃えて風になびいていました。寺へ帰ってみましたら、境内には何億円になるかと思われるほどの萩の花が、折り重なって咲き乱れていました。

毎年、秋の訪れを告げてくれる薄と萩。身近な自然の中にあって当たり前のものが、この日ばかりは莫大な財産として目に映りました。わが心の浅ましさを痛感しましたが、同時に、植物はもちろん、目に映り肌で感じる全てのものに、感謝の念が湧きました。身近であるからこそ、その本質を、その価値を、見落としているものが山のようにあるのでしょう。

弘法大師はこう言われます。

「医王《いおう》の目には途《みち》に触れてみな薬なり。解宝《げほう》の人《にん》は鉱石《こうしゃく》を宝と見る。知ると知らざると誰が罪過《ざいか》ぞ」（『般若心経秘鍵《ひけん》』）

名医はあらゆるものを薬として用いる。名工は宝石を見出す目を備えている。薬を薬として知らず、宝石の原石を見てその中に宝石が含まれていることを見出せない者は、その人自身に責任があるのだよ、とおっしゃっておられます。さらに、

「心暗き時は、即ち遇うところ悉《ことごと》く禍なり。眼《まなこ》明らかなる時は、途に触れて皆宝なり」（『性霊集』第八）

とも、お記しです。明るい心を持って溌溂と暮らすことが、智慧を磨き、目を養う

ことの基本なのでしょう。

どなたのお言葉だったか思い出せませんが、「これまで何十年も生きてきたけれど、命が繋がっているということを思えば、今後の人生の中で、『今が一番若い』ということに気づいた」という一文を思い出しました。当たり前のことですが、「今」が一番若いのです。

ですから、決して遅くはありません。気づいた時に始めましょう。智慧を磨き、善行の積み増しを意識して実行しましょう。それが、素晴らしい種を育てるにふさわしい来年に向かっての生き方だと思っています。

今が一番よい

深まっていく秋に、なぜか寂しさを感じていました。なぜこんなに寂しい秋の深まりなのだろうと思っておりましたが、今朝やっとわかりました。

昨夜、久しぶりに雨が降りまして、朝になって気付いたのですが、雨が降る以前の紅葉は、一本の木の中に黄色や赤に色づいているものもあれば、しわしわになって枯れていく葉もありました。同じ一本の木の中に、です。

潤いというか、水分というのか、同じ枯れていくにしても、きれいに上手に枯れるためには、栄養が必要なんだということでしょうか。

事実、今朝は雨によって枯れていた葉が落ちて、残った葉は一本の木として実に美しく整って葉を落とす準備をしているように見えました。枯れていく姿にばかり気を取られていたために、秋の寂しさを感じていたようです。

もう葉を落とすのだから栄養は必要ないという合理的な考え方は、自然の中には通用しないということでしょう。きれいに葉を落とすためには、栄養がいるということです。私たちも順番に年を重ねると、現世からは棲家を変えるわけです。

そんな中で、「もう、自分たちの出番はない。次を担う人たちのために残せるものは残し、無駄なものは始末しよう」という風潮ですが、去り際、終わり際によって、残されたものの価値まで変わってしまうように思います。歳を重ねれば重ねるほど、自分の活かし方、身の行いを注意深く生きなければならないと思います。

人の「生」というものは、「今生《こんじょう》だけで終わる」のではなく、魂は来世にも繋がっているといわれます。歳を重ねたからといって心の栄養、体の栄養が不要なのではありません。歳を取ったればこそ、栄養は必要なのです。

ですから、積極的に物事をすることです。歳を取ったことを言い訳にせず、やりたいことはやる。そんな生き方が来世に繋がるのだと思います。今、自分の周囲にいる方々への栄養となって、引き継がれていくのだと思います。

死んでしまったら、それですべてが終わりであるとお考えの方もおられることでしょう。「今度は、男性に生まれ変わりたい」とか、「あの世まで主人と一緒はいや。お墓は別にしてほしい」、なんていう方もおられます。

これは、来世にも魂が続くことをどこかで感じておられるからなのでしょう。「十年前が最高によかった」という人生ではなく、「今が一番よい」といえるように、歳を重ねていけたら素晴らしいと思います。


さて先般、縁ある倉敷のお寺で、年に一度の大法要のお手伝いにまいりました。ちょうど私が到着して控室に入った時、この頃のお葬式会場の話が交わされていました。お葬式を自宅でする人が少なくなってきているようで、葬儀会館を借りて行なうことが通例となっているとのことです。

その折に、葬儀が始まるまでの間、「BGM」、バックグランドミュージックを流すことが多いらしいのですが、一番人気は「川の流れのように」、続いては「涙そうそう」で、中には「みちのく一人旅」なんていうのもランクインされているそうです。その冒頭部分の、「ここで一緒に死ねたらいいと」には、なんと切実なことよ、とも思いますが、「千の風になって」も人気曲の一つだそうです。

そんな話をなんとなく聞いていましたら、当寺のご住職が、嘘のような話だけれど、先日、本当にあった話ですが、と前置きされて、こんな話をされました。

檀家のおじいさんの一周忌の法要をお寺で済ませた後、その寺の習わしとして、お墓に出向きお勤めをしたそうです。

おばあさん、息子さん、娘さん夫婦とお孫さんが揃ってお墓に上がり、先ず簡単に草引きをして掃除をしていると、小学生のお孫さんが、「お墓におじいちゃんはいないって、歌でそう言っていたよ」と、なかなか真面目に掃除をしない。そこで、おばあさんがいろいろと諭されたそうですが、納得する様子もない。

そうこうするうちに日暮れも近くなったので、「先にお勤めをしましょう」ということになったと。その時、掃除をしてできた草や落ち葉を持ち帰る袋を忘れたことに気づいたのだそうです。そこで、「とにかく先に拝みましょう」ということになったのです。

皆で拝んで、いままさにお経が終わろうとした時に、一瞬強い風が吹き、どこからともなくスーパーで使うビニール袋が飛んできて、おじいさんのお墓に張りついたのだそうです。そこでおばあさんが、「ほら、おじいちゃんが届けてくれたよ」といったその一言で、お孫さんは納得し、お墓に手を合わせたのだそうです。

「最高の法事でした」と感慨深げに語っておられました。お子様にとって、お墓の意味をちゃんと理解する時期は来られるでしょうが、この体験があれば、本当の意味を知った時に、心から自分の存在や、家族、ご先祖に対しての思いは、より確実に、堅固なものになることでしょう。

今の学校の教育では、「理屈を教えてから体験をさせる」というシステムです。決して悪いとは思わないので、そういうことは学校にお任せして、ご家庭では、何でもよい、体から入る勉強を積極的に取り入れて、自らが進んで実践する姿勢で導く。それも到彼岸《とうひがん》への方法なのだと思います。懸命に生きれば必ず何かが残ります。

今までの自分を最大限に生かすため、きれいに歳を重ねるためには、良いことも悪いことも、嫌いなことも好きなことも、清濁を問わずに溌溂と取り組む習慣をつけることです。

そして、今が一番よい、と思える生き方を熱心にする。それが素晴らしい次の世に確実に繋がるのだと思っています。

冬の章

経風を浴する

ひと月で気候がぐっと進んだように思います。今年の夏は、一八九八年、明治三十一年以降、四番目の暑さだったとのことで、平年より一・六度高かったそうです。高知県四万十市では、八月十二日、国内観測史上最高気温を六年ぶりに更新する四十一度を記録し、秋田、岩手、島根、山口の一部地域では、過去に経験がないような豪雨に見舞われ、日本海側を中心に局地的な大雨が目立ちましたが、しかし、太平洋側の一部や九州南部では、記録的な少雨となったそうです。

環境の変化が大きな原因の一つではあるのでしょうが、その環境を変化させているのは私たち人間であることの自覚は、かなりできてきたようです。ただ一部で、「人間が手を加えて整備した自然」を、本当の自然であるという思いを持つ人たちが多く見られるように感じています。風や草木などの自然の声を注意深く感じ、聞くことができるような暮らしを心掛けたいものです。

昨日耳に入ったことなのですが、このあたりの小学校数校が合同でバスを借りて、一泊二日の修学旅行に出かけたのだそうです。目的地は伊勢方面ですが、お伊勢参りはせずに素通りして、水族館や鈴鹿サーキットへ行ったとのことでした。

伊勢まで行って伊勢神宮へ参らないのは、「宗教上の理由で鳥居をくぐることを拒否する児童がいると、鳥居の前にその児童と、その児童のために引率の先生を残さなければならないから」というのがその理由だそうで、二見ヶ浦さえも宗教施設にあたるとのこと。お寺や神社など宗教関連の場所への遠足は、控えるような流れになっているのだそうです。

私が小学校の六年生の時、その年はお伊勢さんの式年遷宮の年に当たっていました。修学旅行はみんな揃って真新しい宇治橋を渡り、内宮へお参りをした思い出があります。

また、あの当時は真冬に、「鍛錬遠足」という行事がありました。歩いて体を鍛えることが目的の遠足です。小学校の六年間のうち、二回も目的地が鏑射寺《かぶらいじ》でした。中学一年生の時の遠足も歩いて鏑射寺へ。「往復二十キロ歩いて鏑射寺へ行き、和尚さんの話を聞く」、という行事です。日本古来の伝統や宗教、その歴史に触れるということでした。

しかし、徒歩で小学校へ通っていた私にとっては、毎日が鍛錬遠足でした。小さい頃には理屈でなく体で覚える行事が多かったように思います。楽しい思い出もありますが、結構きついものがありました。

あれから四十数年、日本古来の伝統や、歴史や宗教に、理屈でなく肌で感じる機会の必要性を、今の学校教育はどのように感じているのでしょうか。

十一月二十二日には、当山の愛染祭りを厳修しまして、大勢の和尚様にご出仕いただき、華やかなお祭りができました。その中で、「大般若経の転読」をしております。

先日、その作法に初めて遇われた方から、「なぜお経をパラパラとめくって、パンパンと経机に叩きつけるのですか」と質問されました。その作法を不思議に思われたのでしょう。そして、「なぜ転読というのですか」とも尋ねられました。その答えはいろいろとありますが、「五感でお経を感じていただくため」と、お返事しました。『大般若経』は、経典の王様ともいわれ、全六百巻、四百八十万字に及びます。玄《げん》奘《じょう》三蔵法師が、往復三万キロの道のりを歩き、十七年の歳月をかけて持ち帰り、また、四年の時をかけて翻訳した経典です。

我が国において、『大般若経』の転読は奈良時代から行なわれていることが、『日本書紀』に記されています。「転読」というわけは、昔の経典は巻物でありましたので、転がしながら読んでいたようで、そこから転読と呼ばれるようになりました。「大般若経転読」の法要には、ご本尊様のほかに、必ず十六善神をお祀りすることになっています。

『因縁集』という書物によりますと、玄奘三蔵法師が法典を携えてご帰国の途中、川のほとりで一人の鬼人に出会いました。鬼人は首からペンダントのようにしてたくさんの骸骨をぶら下げています。その姿をいぶかしく思われた玄奘三蔵法師は、鬼人に尋ねました。「汝はいかなる神か。また、なにゆえ帰路を急ぐ私の前に現れたのか」と。

するとと鬼人が言うには、「私はこの川に住む蛇神で、深沙大将《じんじゃだいしょう》と申します。ところで法師は、前世より代々高僧であられて、仏法を求め、衆生を救うために天竺へ行かれること、すでに六世に及んでおられます。

私は法師が携えられておられる数多くの経典を奪うために、そのつどここで待ち伏せして法師の経典を横取りしてきました。そのような悪事を代々六世にわたって行ない、そのために法師が命を落とされること、六世に及んでいます。私の首にかけているこの骸骨も、実は法師の六世にわたるものなのです。

したがって、今、法師とこうしてお会いするのは数えて七度目になるわけです。しかし今、法師は以前にも増して数多くのお経を持ち帰っておられるようです。それを見て、今初めて、法師の仏法に寄せる情熱を理解することができました。六世もの長きにわたり、法師に対して犯してしまった大罪を心から後悔しています。申し訳ございませんでした」と、泣きながら悔いていました。

「善きかな、善きかな。あなたの今の懺悔《さんげ》によって、あなたが今まで犯した罪はすべて消滅した。これから先は、あなたの家来と共に仏法を広めて衆生済度に精進しなさい」と、玄奘三蔵法師はおおせられました。

そして、所持していた『大般若経』を取り出して、深沙大将の頭上にかざされました。うやうやしく法師のお言葉に耳を傾けていた深沙大将は、「これからは身をもって般若経をお守りします。また、般若経を敬い信じる人に対しては、現在から未来に至るまで、いついかなる場合も、その願いが叶うように援護するでありましょう」と、固く誓いました。

こうして十六善神とは、姿かたちは夜叉《やしゃ》や鬼神《きじん》ですが、全力で仏法を守護し、実践する神となったために、お祀りしているのです。

「大般若経転読」は、経本をパラパラとめくることによって、経文の功徳が風となり、その経風を浴びることによって心の塵を払い、自らの仏種の発芽につなげていただくための法要でもあります。

本日お参りくださった方々の多くは、お祀りの日には下働きをしてくださっていますので、本堂内でのお祭りの様子に遇うことができないことは、よくよく承知しています。が、お堂の中でその経風に浴《よく》された方々の喜びを、共に喜んでくださっていると思っています。共に喜んでくださることが、実は、何倍もの功徳になります。

弘法大師は、『高野雑筆集』で、こう記しておられます。

「一拍手をなさず、片足歩むこと能わず、必ず彼此《ひし》の至誠によって、すなわち感応を致す」

片手では拍手はできません。片足で歩くことは困難です。けれども「彼此の至誠によって」、この「彼此」とは、日常にあっては親と子、兄弟、親戚、友人、会社の同僚などを指すのでしょう。そして、何よりも仏と私ということでしょう。「至誠」とは、この上なく誠実なことです。その真心を向けることができれば、自分も充実することでしょうし、正しい教育の道も広がってくるのだと思います。

冷え込みが厳しくなりそうです。どうぞ十分にお体をおいといください。

終わりよければすべてよし

年の初めよりコロナウイルスの蔓延によって、世界中が大きく変わったように感じられます。

散々な一年であったと思っておられる方が多いようですが、このままずるずると残りの一か月を過ごしてしまいますと、本当に散々な一年であったということになってしまいます。

「終わりよければすべてよし」といいます。これ以後の日々をどのように考え、どのように行動していくかによって、これから先の生き方に大きな影響を及ぼすのではないかと思います。

今年の夏は各地で花火大会が中止になりました。地元の三田市の花火も中止されましたが、これはコロナの影響ではありません。この夏、東京で開催予定であったオリンピック、パラリンピックのために、警察官や警備員など従来通りの夏祭りを行なうための人員確保が難しく、また、どうにか確保できたとしても、費用が莫大なものになることが予想されるため、すでに昨年の十一月段階で中止が決定されていました。

同じような理由で全国的に約七十会場で花火の延期、または中止となっていました。しかしそのほとんどが、コロナ禍による中止と受け止められています。花火程度ならばまだよいとしても、そのような勘違いによって、全く関係のない人への誹謗中傷や、怒りのはけ口となって、人の心を傷つけていることも多々見受けられます。

お大師様は『性霊集《しょうりょうしゅう》』の中で、こう説かれています。

「心暗きときは、即ち遭うところ悉く禍なり　眼《まなこ》明らかなれば、途に触れて皆宝なり」

人は自分の思い通りの出来事が起きた時に「成功」と思い、思い通りにいかなかった場合には「失敗」と捉えがちです。しかし、失敗したとしても、それを絶望と捉える人と、チャンスと捉える人とに分かれます。なぜ、これほど大きくものの見方、考え方が変わるのでしょうか。

私たちは、外部の要因によって行動や考え方が左右されているように思いがちですが、実は私たちが左右されているのは、外部の要因ではなく、自分の内面、つまりは心によって判断する傾向があるのでしょう。物事はただ起きているだけです。それを自分が勝手に解釈して、喜んだり、悲しんだりしているのだと思います。

人間は、心が沈んでいる時は、ものの見方が狭く暗くなりがちです。例えば、サングラスをかけていると、明るくきれいなものを見ても、暗く見えてしまいます。こんな時だからこそ、心のサングラスをはずして、しっかりと見ることが肝要です。

今年の場合、うまくいかなかったり、思い通りにならなかったことがあれば、他に原因があったとしても、コロナ禍のせいにすることで妙に納得することもありますが、それによって絶望感を持つ方も多いように思います。

「コロナ禍によって、あなたにはどのような不都合があり、何を失いましたか」という質問をした場合に、おおよそ五つほどの答えが返って来るそうです。その主要な答えは、「行動が制限されるようになった。自粛疲れがある。収入が減った。生活費が増えた。人間関係が悪くなった」というものです。

次いで、「コロナ禍によって、あなたは何を得ましたか、新しい発見はありましたか」と尋ねますと、「家族と過ごす時間が増えた。健康への意識が高まった。無駄な出費が減った。自由な時間が増えた。将来について考えるきっかけができた。職場の団結力が増した」など、十を越える前向きな回答があったそうです。

つまり、倍以上の喜びを得ていながら、それにはさほど気づくことなく、負の要素のみに心を奪われて、それを妄信しているように感じます。「眼明らかなれば、途に触れて皆宝なり」とは、一時的な感情や誤解によって生じた妄心で物事を図るのではなく、「仏眼の明」、即ち真の眼をもって一切のものに接すれば、全てを宝と見ることができる、とのお教えです。そのような眼で現状を見れば、このコロナ禍も宝と見ることができるのではないでしょうか。

以前、「お経は、嬉しいこと、楽しいこと、有り難いことが説かれている、人生の台本のようなものですから、読経をする時は笑顔で、溌溂と明るい声で、お読みください」、と申し上げたことがあります。ここにおられる皆様は、毎日、経本を手に取って読んでおられる方ばかりです。ぜひそのようにお願いします。

そして、日常的に「和顔愛語《わげんあいご》」の実践を。これは大切な布施行です。布施の真髄は、全てのものを受け入れる寛容な心と、慈悲の心、即ち「利他の心」を備えることにあります。

「常に笑顔で、常によい言葉を発すること」、そのことを残された今年の二か月間に、心を尽くして行じることができれば、信じられないようなよい出来事が、次々に起こって来るのではないかと思います。そうすれば、眼明らかになり、全てが穴になります。

数年後には、このコロナ旋風に晒《さら》された年が、まことに有意義であった、といえるようになるために、この締めくくりの日々を過ごしてまいりましょう。

眼横鼻直

朝夕は、かなり冷え込んでまいりました。コロナ旋風の中で迎えた冬ですから、出来るだけの防御が必要です。しかし、心まで頑《かたく》なにすることなく、悠々と過ごしたいものです。

昨秋、鏑射寺中興六十周年を迎えまして、それを機に境内の整備を進めておりますが、先般、塀の修理と板張り工事が完成いたしました。それによって石垣のイメージまでもがずいぶん変りました。子供が成長して、青年になったような趣きです。

六十一年前に師父が廃寺復興で入山した時、ただ一宇残っていた鐘楼堂の杜や屋根が、とうとう朽ちてきましたので、これを機に新築し、先月、美しく建ち上がりました。大晦日には、皆様と共に除夜の鐘で突き初めをいたしました。

これに続いて、浄身堂（手水舎）を建立しました。手水舎は、全国の神社仏閣いずれに参拝しても、必ずといっていいほど、山門脇に備え付けられてあります。

結界《けっかい》の山門をくぐると、それから先は、娑婆を離れた神仏の世界が広がっています。浄域まで足を運びながら、「堂に入《い》りて室に入《い》らず」ではなく、「堂に入りて室に入る」と、堂に入った参拝をするためには、懺悔《さんげ》と身づくろいが大切です。

コロナ禍の現在、しきりに手洗いと、うがいが推奨されています。もちろんそれは大切なことですが、心の汚れを洗い清めて、神仏の御許《みもと》に導かれていくための、守るべき大切な所作なのです。皆様がますます清浄で爽やかに参拝されますように願っています。


ここにおられる多くの方は、先年、永平寺にお参りなさいましたが、その曹洞宗の開祖、道元禅師が中国で学んで帰られる時には、経典の一つもお持ち帰りになられなかったそうです。しかし、ただ一つ、「眼横鼻直《げんのうびちょく》」が仏教の神髄である、と正悟してお帰りになったと伝えられています。

「眼は横に、鼻は縦に真っすぐに」とは、いったい何を意味しているのでしょうか。

これは、「いかなる時も、当たり前のことを当たり前のこととして、しっかり捉えることができる心を持つ」ことなのだそうです。これは師父が以前、たびたび皆様にお話をしておりましたので、ご存じのこととは思いますが、かいつまんで申し上げます。

ある日、顔の中の「口」が、「自分は一生懸命ものを食べて皆を養っているのに、顔の中の一番下座にいるのは気に食わない。鼻よ、場所を代われ」といったのです。

そこで「鼻」がいうことに、「ものを食べて養ってくれているのはよくわかるが、何でもかんでも飲み込んでいる君が、腐ったものを食べずにいられるのは、匂いを嗅いでやっている私のおかげなのだぞ」と。

そこで口と鼻とは揃って、「目」に自分たちの働きを告げに行き、場所の交代を迫ったところ、「見張りは高い所でなければならない。それよりも眉毛はけしからん、あれこそ下に下ろしてしまえ」ということで、その旨を皆で眉毛に告げます。

すると眉毛は「なるほど、その通り」とばかり納得して、鼻と口の間に下りてみた。

すると口が文句をいうので、顎まで下りたのです。ある日、雨が降り、目は開いておれず、鼻は息ができず、口も開けず、皆、往生しました。そこで皆は、眉毛に詫びて元の位置に帰ってもらったというお話です。口髭、顎髭は、その時の名残りとか申します。

寺の塀の下に、高く長く続く石垣にすれば、延々と上に並び立たれて迷惑かもしれませんが、その塀によって存在感が増している。石垣自体は気付かずにいても、塀によって支えられ、そのすばらしい穴太積《あのうづ》みの石垣が引き立てられているのです。

それに気づくこともなく、かえってそのことを疎ましく思ったりしていることも、この世では多々あります。自分の身の回りを振り返り、じっくり検証しなければならないのかもしれません。

また、「黙って人を支える」という陰徳を、積み増す努力も怠らないようにしたいものです。そして、当たり前を当たり前として見過ごすのではなく、そこをじっくりと見つめ直すことも必要です。

聖徳太子の頃から近年まで、たくさんの戦争があり、また、廃仏毀釈《はいぶつきしゃく》で寺や神社が襲撃に遭い、廃寺になっていまだ復興の目途もたたないようなお寺や神社がたくさんあります。ここ鏑射寺もそのうちの一つでした。しかし、荒れた時代にあっても、「丈六《じょうろく》の仏」といわれるような大きな仏様がお祀りされているお寺や、輪奐《りんかん》の美が整ったといわれるお寺は、意外に無事で残っていることが多いそうです。

以前、ニューヨークのダウンタウンで、あまりにも無法化した一角を、その当時の市長さんが、街の落書きを全て消して、割れたガラスも整備し、壊れた街灯を直し、ゴミダメを一掃したら、犯罪が激減し、活気溢れる街がよみがえってきた、ということをご紹介したことがあります。

やはり、環境によって人の心は大きく作用されますし、それによって、そこにある縁ある全ての魂の質といいますか、ご加護までが変わってくるのでしょう。

今回、当山で進めた塀の工事や、鐘楼堂の再建、手水舎の新築など、工事は至極順調に運びましたが、「輪奐の美整う」というには、ほど遠いことです。

しかし、全体の復興としては、大きく前進しています。今後の予定としては、多宝塔、山門、僧堂と整えねばなりませんが、これから先、何百年、否、それ以上にわたって、心の拠所《よりどころ》となるような寺にしてまいりたいと念願いたしております。お心添え、お力添えをいただけましたら、まことに有難う存じます。

心機一転

ようこそお参りくださいました。

今年の紅葉も順調で、コロナ禍のせいかハイキングがてら紅葉狩りの方が、多く境内を散策しておられました。紅葉が順調なので落葉も順調ということで、毎日、庭掃除に励みました。

何ごとも順調に感じられることは有難いことで、とくに気候の移り変わりが順調なことは、心から喜び、感謝しなければならないことだと思っています。順調に日脚も短くなり、冷え込みも増してきました。

そして、こうして皆様のお元気なお姿に接し、大変嬉しく思います。しかし寒くなるにつれ、また、コロナ旋風が強まって来たようです。どうぞ用心の上にも用心をなさいますようにお願いします。

コロナに気を取られておりますうちに、令和二年が過ぎようとしています。平成三十一年四月三十日に天皇陛下がご退位になり、皇太子の徳仁親王様が五月一日午前零時に、ご即位なされました。元号も「平成」から「令和」に改められました。

天皇のご譲位は二百二年ぶりとのことだそうです。一人の天皇が一つの元号を使うという決まりができたのは明治からで、以前は、飢饉や災害など世の中が荒れた状況であった時に、その悪い流れを変えるために元号を変えて、心新たに再出発していたことも見受けられます。

また、古来より明治までは、年半ばに天皇が崩御されて、新天皇が即位されたとしても、その一年間は元の元号を使って、次の年の正月から改元されていたようです。

高野山真言宗の大僧正で、元高野山大学学長をお勤めになられました大碩学、高木訷元先生のご自坊発行の新聞、「瑠璃の光」の中に、こうお記しです。

「桓武天皇は、延暦二十五年三月十七日に病で崩御、その年の五月、即位した平城天皇が、同月、年号を大同と改元した。当時は二朝並立、即ち天皇が二人いることによって国家の争乱を意味することであり、当時としては全く異例のことであった。

その時の国家が編纂した『日本後記』巻第十四では、大同と改元するは非礼なり、国君が位に即くときは、年を踰《こ》えて後に改元するものなり。臣子の心は一年に二君あるに忍びざるに縁《よ》るなり。今、年を踰えずして改元するは、先帝の残年を分かちて、当身の嘉号と成し、終わりを慎み新たむること無き義を失う。公子の孝子の心に違うなり。之を旧典に稽《かんが》みるに失と謂うべきなり」と、明記しておられます。

さらに、「国家が編纂する国史において、平城帝をあからさまに不忠不孝の至りとするのも異例のことでありましょう」とも述べておられます。

親鸞聖人は中国の道綽《どうしゃく》師の言葉を引用されて、「前《さき》に生まれたものは後《のち》を導き、後に生まれたものは前《まえ》を訪《とぶら》え」（『化身土巻』末）と記しておられます。「訪う」とは、ご先祖様の命の真実を尋ね、教えていただくということです。

心機一転、新しく物事を始める時には、先ず目標を見定め、それに至る道筋を立てるわけですが、勢いに任せての出発では、物事の成就にあまり期待はできません。しっかりと準備することが成功への基本といえましょう。

その第一は、先徳や歴史という過去をじっくりと振り返り、咀嚼《そしゃく》反芻《はんすう》する期間をもって、心と体、環境を整えることが肝心だと思います。

本日、護摩供養にお参りくださった方々は、仏縁深く、『般若心経』も見事に読誦なさいます。すでに密教の教理が理屈ではないことをよくご存じでしょう。

病にかかった時は、病院に行き処方箋を書いてもらう。その処方箋をいくら読んでも病気が治るものではなく、処方した薬を服用して初めて治癒に繋がることは、よくよくご承知だと思います。

それと同じで、実際に道場に身を置き、経典を読誦することによって、心中より噴き出る感覚を体験なさろうかと思います。その体験こそが、処方された薬を飲むこと、つまり実際に心を養うということになるのです。

コロナの風が世界中に吹きすさんでいるこの時に、深い祈りと共に、昭和・平成の御代を今一度、顧みる時間を持つことは、良薬を口にすることに値するのではないかと思っています。それが、今後の令和の年月を充実させて、更なる発展の基盤として重要なことではないでしょうか。

気立てよし

師走も半ばが過ぎますと、なさねばならぬ仕事が追いかけてきまして、なぜか気ぜわしく心も慌ただしくなってきます。

体はフル回転でも、心は「平常心これあり」というふうに心掛ければ、事故なくよい新年を迎えることができると、日々自分に言い聞かせております。どうぞ皆様も、お健やかに年末をお過ごしください。

お正月を迎えますので、大勢の方々が仏具磨きや大掃除、それにお餅つきなど、連日ご奉仕に来てくださいます。まことに有難うございます。寺内の者たちも迎春準備に大童《おおわらわ》で、大掃除や飾りつけなど、子供たちも動員して進めておりました。

「気持ちのよい新年を迎えるための準備だから、にこやかに笑いながらやろうね」と声を掛けましたら、娘が「うちは、毎日がお正月だから」というのです。

なんと出来た娘か、お寺に住まわせてもらっていることを気持ちがいいと感じてくれているのかと、しばし感激に浸っておりましたら、「おじいちゃまと、おとうさん、いつも二人いるでしょう。だからいつでも、お和尚がツーで、お正月！」というのです。なんともはや、でした。

それはともかく、間もなく全国漏れなく、新しい歳を迎えることになります。「日々是好日《にちにちこれこうにち》」と思える積み重ねの一年を過ごしたいものですが、この言葉、いろいろな解釈ができます。

字面だけで読めば、毎日がよい日であるように心掛けて生きるということですが、もともとは禅の言葉ですから、これを禅的に読めば、一日一日よい日もあるが、自分にとって都合の悪い日もある。都合が良いことも悪いことも、全て自分の心の置きどころ、何があっても全てが自分から出たことであるから、全てを好きことと思い定めて、前を悔いず、一日一日を一生懸命に生きる、ということになります。

しかし、漢和辞典には、「好」の字には引き出物という意味もあります。ここに注目すれば、私たちが仏として生きるための、大自然からの賜り物の一日であり、毎日が有り難い時間をいただいていると自覚して生きることが、「日々是好日」の生き方だと思えるのです。

先日、慈雲尊者《じうんそんじゃ》のお話をしましたが、このお方は江戸時代後期、当時の真言宗を代表するといっても過言でない、真言正法律、雲伝神道《うんでんしんとう》の創始者であり、梵語研究の先駆者でいらせられます。

このお方は、顕密諸宗の学に通じておられて、とくに戒律の復興に努められ、「人と成る道」を真言宗流に示され、「人はまず人と成らねばならない。この人と成ることができて、神とも仏とも（なる）気づくのである」、と説いておられます。

「人と成る」とは、「人は善をなそうと思えば、善をなすことができる。悪をなそうと思えば、悪をなすこともできる存在である。しかし悪をなせば、必ず苦悩をわが身に招くということが分かっている。だから悪をなそうとは思わず、善をなそうと思う。

これが人と成る事じゃ」と。そのためには、十善戒を守るよう努めることが、「人と成る」最も早い実践方法であると教えておられます。

この「人と成る」ための十善戒は、皆様がお経を上げられる時、最初に唱えておられますから、よくよくご存知のことでしょうが、人と成るために大切な教えですから、念のために現代語訳を申し上げます。

「ブッダの弟子であります私は、未来の果てが尽きるまで、生きとし生けるものを故意に傷つけず殺さず、与えられていないものを自分のものとせず、よこしまな男女関係を持たず、(故意に)でたらめをいわず、無益なおしゃべりをせず、粗暴な言葉や悪口をいわず、人を仲違いさせるようなことをいわず、物惜しみをせず、むやみに欲しがらず、よこしまなものの見方や考え方を持たない、という十の戒めを保ちます」

ということです。

ここにおられる皆様は、読経のたびに、この「人と成る」実践方法である十善戒を、わが身に言い聞かせておられるわけです。

すでにご存じとは思いますが、「戒律」と一括りにされていますが、「戒」と「律」

は別物です。「戒」は、自分自身を磨くため、煩悩即菩提を実践するための戒めであって、あくまでも自分自身の問題であり、「守れなかった、破ってしまった」としても、罰則はありません。

それに対して「律」は、戒を保ち、集団で暮らす精舎の場合、その集団生活を乱さないために定められた決まりですから、これを破ると、その集団からの追放という厳しい罰則をも科せられます。

たしかにこの十善戒を保持することができれば、仏様のような暮らしとなります。

そこで、「戒」の意味をいま一度調べてみましたら、「戒」とは、サンスクリットの「シーラ」で、行為、習慣、性格、道徳とも訳されます。

お名前は失念しましたが、東京大学の教授が、「シーラ」の用法を悉く調べて行き着いた結論は、「あの娘さんはシーラがよい」という使い方をするのが最も古典通りの使い方であろうという結論に達した、と書いておられたのを覚えています。何がよい娘さんかというと、「気立て」がよいのだそうです。

ですから、お釈迦様の「戒を守りなさい」とおおせられた意味は、「気立てのよい人になりなさい」ということなのでしょう。そして慈雲尊者は、「気立てのよい人が、神にも仏にもなれるのだよ」といっておられるように思います。

「気立て」というと、漠然としてピンとこないかもしれませんが、「品格」といえばいかがでしょう。常に十善戒を守ろうとする姿勢が、「品格を備える」ことへの近道なのかと思っています。

曹洞宗の開祖、道元禅師の『正法眼蔵随聞記《しょうぼうげんぞうずいもんき》』に、「霧の中を行けば覚えざるに衣湿る」とありました。善い人の傍にいれば、意識せずとも善い影響をうけ、悪い人の傍にいれば自ずと悪い方向へ流れていくように、身を置く環境によっても大きく影響を受けるのです。

「十善戒」を守ろうという意識を持って日々暮らしていると、覚えざるに衣が湿って、品格ある美しい生き方ができる、ということになりましょう。

清浄心

お寒い中を、ようこそお参りくださいました。

大勢でお経を読誦する場合、一つの声として聞こえなければならないこと、また、笑い声のように楽しく清々しく聞こえねばならないことは、いつも申し上げておりますが、今日も皆様方の『理趣経』『般若心経』そして『不動真言』が見事に調和して、真ん中に座らせていただいて実に気持ちがよい、素晴らしい読経でした。

「愚人に褒められたるは、第一の恥なり」と、日蓮上人のお言葉にありますから、人様を褒めるということはなかなか難しいことなのですが、『理趣経』の初段にある「鈴鐸《れいたく》繒幡《そうばん》微《び》風揺撃《ふうようげき》　珠鬘《しゅまん》瓔珞《えいらく》半満月《はんまんげつ》等《とう》而《じ》為《い》荘厳《そうげん》」と、経文通りに爽やかな風が堂内にわたり、美しい鈴の音までが聞こえるようでした。

供養段に至っては、優しい光が全体を包み、求めに応じて、隅々まで供養がいきわたっているようでした。皆様は、お経の意味を十分に読み込んで来られたのですね。

大勢で読誦する場合は、前からも後ろからでも、左右の横からでも、お釈迦様、仏様が説法をしてくださっているわけですから、決して乱すことなく、じっくりと聞いて、体中がお経で一杯になった時、溢れるように口から出るように読みます。

すると、そこに自ずと調和が生まれ、功徳のあるお経が響きます。「お経の七割は耳で読む」ことが基本といわれています。重ねて申します。実に調和の取れた読経の中で、お護摩を焚かせていただきました。助法は主法に勝る、ともいいます。

私たち僧侶は、毎日勤行をいたします。座った途端に集中できればよいのですが、なかなかうまくいかない日もあります。そのような時は、周りを菩薩様方が取り囲んで調和したお経を読誦してくださっている輪の中に座っていることを思い描きます。まさに今日のような感覚です。有難うございます。

このような思いであります日は、しみじみと法喜に浸り、余分なことを申し上げなくても良いように思いますが、これで話は終わりというわけにもまいりませんので、今、感じていることを二、三、お話申し上げます。

いささか寂しい話になりますが、先ごろテレビ番組で「孤独死」について、ずいぶん話題になっていました。いろいろな事情により独居している人が増えています。十年後には、四十代男性の三人に一人は未婚であり、女性も四人に一人は生涯一人でいるという予測があります。そうすれば当然、高齢になれば身寄りもなくなり、一人で人生の終焉を迎えることになります。

現在一人暮らしの高齢者が共通して感じていることは、「次の人生に今を託す」という考え方があるように思われてなりません。曰く、「今は孤独だから、死んだ時には集合墓に入り、そこで皆と楽しく暮らす」、「あの世でも、来世でも、今と同じ職業に就きたい」、などです。

皆さん、今の生が来世に繋がっていることを自覚なさっておられるように思いました。「死んだら全て一巻の終わり」と口になさる方もおられますが、心のどこかでは、来世を信じ、願っておられるように感じました。

それではなぜ、今、来世に繋がる積極的な行動を起こされないのでしょうか。前世から引き継いで来た今の世が、来世を含めた大きな流れと捉えて、考え行動する。そのためには、手前味噌で恐縮ですが、大いなるもの、神仏に手を合わせ、心を合わせることだと思います。

来世、再来世と、命が繋がっていくことが自覚できた時、その時が一番若い時です。今まで何かをしたくても踏み出せなかったお方は、どうぞ今から積極的に始めてください。

あなたが本来持っているものに、磨きをかけてください。その姿勢が周りに波及すれば、明るい世の中が開けてくると思います。

人の心と環境が密接に関連していることは、皆様よくご存じのことと思いますが、先日、気にかかったことがありましたので、付け加えさせていただきます。

当山の例祭であります二十二日には、多くの信者さん方がお接待として、美味しい昼食や心のこもった品物をお接待、お供養をしてくださいます。今日、ここにお集まりの中には、毎月、品々を持ち寄ってご奉仕くださっておられる方も多くおられます。今月も心を籠めて温かいうどんをお接待してくださいました。大勢が長い列をなして受け取っておられる頃、下の手洗い所で故障がありました。私が急いで現場へ駆けつけた時のことです。「こんなうどん一杯ぐらいでは、とても足らん。他に何かないのか」という声が耳に入りました。お連れの方が、「まだ皆が並んでいるから、もう一回並んで、もらっておいで」と答えておられます。

そんな大きな声で不足をいう方がおられるのなら、もう、お接待をやめていただいた方がよいのではないか。毎月、暑い日も寒い時も、大勢の参拝者に奉仕してくださっている方々に申し訳なく思いました。

布施とは、捧げる人、受け取る人、その中に介在する品物が、それぞれに清浄であって、初めて「布施行」が成立する。この「三輪清浄《さんりんしょうじょう》の布施」が、お釈迦様のお教えなのです。

本来、密教の寺とは、弘法大師がお師匠様の恵果《けいか》阿闍梨《あじゃり》のお人柄を偲ぶ追悼の文中に記されてあるように、「青龍寺《せいりゅうじ》は、貴賤、老若問わず、虚無の心を持って山門をくぐっても、去る時には感激の法水を心中に満たして帰ることができるところであって、遠くや近くに関わらず、その空間に身を置きに来るところである」（『性霊集』第二）というところであったわけです。

お大師様もその場に身を留められて、心中いっぱいの法水に満たされて帰国されました。そして、修行の道場としての高野山、済世利人の実践道場として京都に東寺を開かれました。さらに、日本を担う人材育成のために、綜芸種智院《しゅげいしゅちいん》をお建てになりました。その趣意書のような御文章の中に、

「道を広めんと浴《おも》わば、必ず須《すべか》らくその人に飯すべし」（『性霊集』第十）

心あるものが学ぼうとする時、食を欠いてはよい学問のよい発想も生まれない、と記されています。

何かよいことを志しておられるからこそ、遠方からこの山まで足を運び、布施行に励んでおられるわけですから、こちらがつまらぬ言葉に惑わされて、大切な発心《ほっしん》の芽を摘むことはないのだと思いました。

もっともっと周囲を清め、祈って、接待を受けるすべての方から、「有難うござい

ます」との言葉が出てくるような雰囲気とお守りが、境内に満ち溢れればよいのだと、今、思っています。

「道を広めんと浴わば、須らくその人に飯すべし」。お大師様が提唱なさりた、人づくり、国造りの一端として、今後も清々しくご尽力いただけましたら、まことに有難く思います。

星まつり

まことに有難うございました。一月二十八日から今日までの一週間、二十一座の護摩修法を成満《じょうまん》し、これにて星供《ほしく》護摩を結願《けちがん》いたしました。

今日は二月三日で、明日が立春です。旧暦では、決まりごとや季節の節日は、立春が起点になっています。八十八夜、二百十日もこの日から数えています。私たち僧分は、ほとんどこの旧暦を基準に各種行事が組まれていますので、明日が事実上のお正月といった気分になっています。一年の運気も、この頃から始まるように感じています。

事実上のお正月である立春を迎える直前に、来るべき年回りのお星さまをしっかりと供養し、皆様の心身健全、息災延命なることをお祈りし、同時に一年間のお守り札のお開眼《かいげん》をいたします。

その星供養とは、天体の動きは古来より人体と密接に関係すると伝えられてきましたために、密教の占星術によりますと、人の営みは生まれながらに定まる「本命星《ほんみょうしょう》」と、毎年巡ってくる「当年星《とうねんしょう》」に、大きく左右されると考えています。

「本命星」は、生まれ年の干支《えと》によります。即ち、子年生まれは「貪狼星《とんろうしょう》」。丑、亥年は「巨門星《こもんしょう》」。寅、戌年は「緑存星《ろくぞんしょう》」。卯、酉年は「文曲星《もんこくしょう》」。辰と申は「廉貞星《れんじょうしょう》」。巳と未は「武曲星《むこくしょう》」。午年は「破軍星《はぐんしょう》」で、北斗七星のいずれかに定められていて、それは一生変わりません。

「当年星」は、木・火・土・金・水の五惑星に、太陽と月を合わせたものを七曜星といい、七曜星に羅喉星《らこうせい》と計都星《けいとせい》を加えた九陽星が、一年ごとに順番で守護してくださるのだそうです。

分かりやすく申しますと、本命星は一生変わらず見守ってくださる親御さんのような存在で、当年星は、毎年変わる担任の先生のような存在と思ってくだされば、分かりやすいかもしれません。一生を見守ってくださる本命星は、いつも変わらず温かく見守ってくださいますが、一年ごとに変わる当年星には、白星ばかりではなく、黒星、半黒星の凶星と呼ばれるものもあります。

その凶星は禍いをもたらす星で、その当たり年を「厄年」といって忌み嫌う風潮があります。しかし、これは間違いだと思っています。人間とて所詮、大自然の一部に過ぎませんが、大きな目で見れば、大宇宙の大切な一部であります。守護を目的として祀られている星々が、私たちを忌み嫌うわけはないと思います。

当年星を担任の先生に例えましたが、優しい先生もいれば、厳しい先生もおられます。優しいばかりでは、わがままを通したり有頂天になったりしやすいのですが、そんな時に、慈愛の心でもって厳しく接してくださることも必要かもしれません。アクセルを踏みすぎた時、ブレーキを踏むタイミングを教えてくれるのが、「黒星さん」なのでしょう。

皆様方には「担任の当年星の先生」からの通信機として、お守り札をお届けいたします。先にお申し込みをいただいておりますお守りは、この間にご祈祷を済ませましたので、明日から順次お手元にお届けいたします。

ここで盲導犬の話をいたします。盲導犬は生まれてすぐに愛犬家、パピーウォーカーに預けられます。そこで、可愛がられ、可愛がられ、それこそ目に入れても痛くないほどに可愛がられて育つのだそうです。その後に厳しい訓練に臨むわけですが、その訓練に耐えられるのは、「自分は可愛がられている」という子犬時代の経験に、絶対の自信があるからだそうです。

私たちにとっては、ご祈祷したお守り札は、これは生き物の関係と全く同じであって、祈りを籠め、可愛がり、厳しく育てたお守りを嫁に出すような心持なのです。何気なく見えるお守りですが、お守りとして生まれ、しっかりとその自覚を促すことで、仏様の受信機としての生きた役割を担ってくれると信じています。

一週間のお護摩と大勢の方々の真心こもったお経をたっぷりと含んでいますから、お手元に届きましたら、一年間、どうぞ大切になさってください。お守りを大切になさる方がお守りから大切にされる。これは全てのことに繋がる理《ことわり》でもあります。

物事が成就するには時間が必要です。今、現在、自分が知っている範囲内だけで、現実に起こっている幸、不幸を解釈してしまうと、いかに相手の心、周囲の状況、将来の実りを無にしてしまうのか、ということに心を致さねばなりません。これがお守りを持っていただく時の心の置きどころだと思っています。

明日は立春。どうか溌溂とした一年でありますように、お守りが素直な受信機として働いてくれますように、続けてお勤めをしてまいりたいと思います。

あとがき

「密教の生き方」とは、人それぞれ幾千通りにも及びますが、全ての共通点は、「我即大日」との確信を持ち、いかなる時も安定した心の状態を保つことといえるでしょう。そのためには、日常生活における「和顔愛語《わげんあいご》の実践」が、全ての基本になっていると考えています。

極端な申しようですが、完璧な「和顔愛語の実践」が三か月続けば、「西から昇った太陽《おひさま》が東に沈む」といった、信じられないような良き奇跡が、わが身に起こり得ると聞いたことがあります。

「和顔愛語」を続けることは、それほど難しいことの例えなのでしょうが、身に付くと、「一生一度のチャンス」と思われるほどのことは、実は一生一度だけではなく、毎日のように巡ってきていることが分かってくると信じています。

一本だけであった心のアンテナが、「和顔愛語の実践」によって、阿弥陀様の光背のように無数のアンテナとしてわが身に備わる。そうなると、善いことを受信する分量が飛躍的に増え、心穏やかに悠々とした「仏性開花」を迎えられるのではないかと思っております。

師父が鏑射寺復興のために入山して六十年が経ち、その記念事業として、平成二十七年に大師堂を建立。以後、引き続き、塀の修理改修、鐘楼堂や手水舎（浄身堂）の建立、そして境内作庭などを進めてまいりました。おかげさまで今春、それら全ての工事が無魔成満《むまじょうまん》いたしました。

「目に見える復興の一区切りということで、今までの思いを一冊にまとめてみてはどうですか」と、春秋社の佐藤清靖氏のご助言をいただきました。読み返してみますと、果たしてお大師様のお教えに添っているか、大きな間違いをしてはいないか、自問自答を繰り返しましたが、未熟さには、ただ恥じ入るばかりです。けれども、せっかくの有難い機会に節目をつけて、心新たに歩を進めてまいりたいと願っております。

「目に見えるものは信じられるが、目に見えないものは信じられない」とおっしゃる方に出会うことがありますが、お大師様は、「心境冥会、道徳玄存」と、「環境を整えることは、心を整えることに通ずる」と、明確にお示しくださっています。

このお教えを心の糧として、歳月はかかりましょうが、多宝塔、僧堂、山門など、寺本来の姿に戻れますように環境整備をし、自らはもちろんのこと、有縁の皆様方の心中にも堂塔伽藍が建立され、「仏様の命そのものを生きている」という、心の復興と構築に繋がりますように、祈りを深めてまいります。

本書が、いささかなりとも皆様方の心の礎《いしずえ》として、よき助縁となりますなら望外の幸せです。

最後に本書の刊行に際し、ご快諾いただいた春秋社社長の神田明氏、また編集取締役の佐藤清靖氏、ほかの皆様のご尽力に、心より御礼を申し上げます。

合掌

令和三年一月二十一日

中村公昭

著者略歴

中村　公昭（なかむら　こうしょう）

1962年（昭和37年）大阪府池田市に生まれる。

1978年（昭和53年）堀田眞快師に従って高野山にて得度。中村公隆師に師事。

1986年（昭和61年）高野山大学密教学科卒業。鏑射寺執事。

1989年（平成元年）鏑射寺副住職。鏑射寺函館別院主監。

2015年（平成27年）鏑射寺住職（現任）。

著書に『密教の生き方』（春秋社）。

和顔愛語のすすめ

二〇二一年三月二十二日　第一刷発行

著　者　中村公昭

発行者　神田　明

発行所　株式会社　春秋社

東京都千代田区外神田二―一八―六（〒一〇一―〇〇二一）

電話〇三―三二五五―九六一一　振替〇〇一八〇―六―二四八六一

https://www.shunjusha.co.jp/

印刷所　株式会社　太平印刷社

製本所　ナショナル製本協同組合

装　丁　野津明子

定価はカバー等に表示してあります

ISBN978-4-393-17293-3

中村公昭

密教の生き方

本当の密教の生き方とは。この混迷の世に、凜として清々しく生きるために。密教の〈いのち〉の言葉をとおし、その実践とエッセンスを指し示す、清新な仏教エッセイ。

一八〇〇円

▼価格は税別。

◎中村公隆の本◎

いのち耀いて生きる

厳しい修行に裏づけられた滋味溢れる法話集。心に響く仏典の言葉と共に、修行中の余話もまじえつつ、密教の〈生きる叡智〉を語る。一八〇〇円

密教を生きる

密教とは、宇宙のいのちに触れる教え。若き日より修行一筋に生きてきた著者が、その半生と、耀くいのちの世界を生き生きし語る。一八〇〇円

大いなる〈いのち〉に目覚める

私達は、どう生き、老いて、死に臨むべきか。高野山の大阿闍梨が、生きるための知恵を語りかける、感動溢れる人生の書。一八〇〇円

〈いのち〉の力　般若心経とともに

般若心経にふれながら、さわやかに耀いて生きることを、優しく豊かに語りかける、珠玉のいのちの法話十六篇。一八〇〇円

大日のごとく生きる

人はいかに生きて、死ぬのか。空海の「十住心」より、「向上」と「さとり」への道を、鮮やかに指し示す、悩める人生に必読の書。一八〇〇円

〈いのち〉の宝庫を開く

困難な日々の中で、楽しく美しく、よりよく生きるためには。大きな〈いのち〉とひとつの自分に目覚めることの大切さを切々と語る。一六〇〇円

〈いのち〉の波動

〈密教〉の立場から、生きることの意味とその奥深い秘訣を、感動豊かに語る。生きる力が湧いてくる、刮目の書。一六〇〇円

楽しく嬉しく生きる秘訣

悩み多き人生を楽しく過ごすには。現代社会に焦点を当てつつ、人間味溢れる法話を通して密教の大阿闍梨が生きる秘訣を伝授する。一六〇〇円

▼価格は税別。